Lokesh Pawar

Uma estrutura para melhorar a sustentabilidade do atraso no ambiente DTN

Lokesh Pawar

Uma estrutura para melhorar a sustentabilidade do atraso no ambiente DTN

ScienciaScripts

Imprint

Any brand names and product names mentioned in this book are subject to trademark, brand or patent protection and are trademarks or registered trademarks of their respective holders. The use of brand names, product names, common names, trade names, product descriptions etc. even without a particular marking in this work is in no way to be construed to mean that such names may be regarded as unrestricted in respect of trademark and brand protection legislation and could thus be used by anyone.

Cover image: www.ingimage.com

This book is a translation from the original published under ISBN 978-620-2-07398-1.

Publisher:
Sciencia Scripts
is a trademark of
Dodo Books Indian Ocean Ltd. and OmniScriptum S.R.L publishing group

120 High Road, East Finchley, London, N2 9ED, United Kingdom
Str. Armeneasca 28/1, office 1, Chisinau MD-2012, Republic of Moldova, Europe
Printed at: see last page
ISBN: 978-620-7-86440-9

ÍNDICE

RECONHECIMENTO 2

RESUMO 3

LISTA DE ABREVIATURAS 4

CAPÍTULO 1 5

CAPÍTULO 2 23

CAPÍTULO 3 31

CAPÍTULO 4 34

CAPÍTULO 5 40

CAPÍTULO-6 55

REFRÊNCIAS 57

APÊNDICES 61

RECONHECIMENTO

Tudo se deve à família. Dedico este trabalho à minha mulher, Ervashi, e ao seu apoio e confiança constantes em mim.

Devo também os meus agradecimentos ao Dr. Rohit Bajaj pela sua orientação perspicaz e pelas suas sugestões generosas para concluir este trabalho com êxito. Estou-lhe profundamente grato por me ter dispensado o seu precioso tempo.

No final, os meus agradecimentos aos autores de todos os livros e documentos que consultei durante este trabalho, bem como na preparação do relatório.

RESUMO

As redes tolerantes aos atrasos (DTN) têm um grande potencial para ligar dispositivos e regiões do mundo que estão atualmente mal servidos pelas redes actuais. Um desafio vital para as redes tolerantes ao atraso é determinar as rotas através da rede sem nunca ter uma ligação de extremo a extremo, ou saber quais os "encaminhadores" que estarão ligados num dado instante de tempo. O problema tem o constrangimento adicional do atraso em cada nó. Esta situação limita a aplicabilidade das técnicas de encaminhamento tradicionais, que classificam a falta de caminho como uma falha dos nós e tentam procurar um caminho de extremo a extremo existente. Foram propostas abordagens que se centram na replicação epidémica de mensagens ou em informações previamente conhecidas sobre a programação da conetividade. Neste livro, considerámos que o protocolo tem o conhecimento prévio do encaminhamento e calculou o atraso com base na replicação dos pacotes nos nós e no tempo total para transferir os pacotes de um nó para outro. Este livro esclarece algumas questões para evitar grandes atrasos devido às replicações e ao tempo total de envio dos pacotes. São discutidas e modificadas várias expressões para chegar aos resultados. Introduzindo as entradas de amostra para as replicações dos pacotes nos nós e o tempo total necessário para transferir os pacotes de um nó para outro, as entradas desejadas são geradas utilizando distribuições para os processos estocásticos.

LISTA DE ABREVIATURAS

1. **DTN** — Delay or Disruption Tolerant Networking
2. **MANET** — Mobile Ad-hoc Networking
3. **BP** — Bundle Protocol
4. **IPN** — Inter Planetary Net
5. **SaFT** — Store and Forward Transport
6. **IETF** — Internet Engineering Task Force
7. **API** — Application Programming Interface
8. **GIS** — Geographic Information System
9. **GPL** — General Public License
10. **GPS** — Global Positioning System
11. **GUI** — Graphical User Interface
12. **MAC** — Media Access Control
13. **MANET** — Mobile Ad-hoc Network
14. **ONE** — Opportunistic Network Environment
15. **POI** — Point Of Interest
16. **RAM** — Random Access Memory
17. **RWP** — Random Way Point
18. **TTL** — Time To Live
19. **WKT** — Well Known Text
20. **WLAN** — Wireless Local Area Network
21. **DSR** — Dynamic Source Routing

CAPÍTULO 1

INTRODUÇÃO

1.1 Introdução à DTN

A Internet atual tem sido muito bem sucedida na ligação de dispositivos de comunicação em todo o mundo. Isso foi possível graças à utilização de um conjunto de protocolos, amplamente conhecido como conjunto de protocolos TCP/IP. Todos os dispositivos nas inúmeras sub-redes que constituem a Internet utilizam este protocolo para transferir os dados da origem para o destino com o mínimo de atraso possível e elevada fiabilidade. O princípio subjacente ao funcionamento do TCP/IP baseia-se na transferência de dados de extremo a extremo utilizando várias tecnologias de camada de ligação potencialmente diferentes. No entanto, há muitas regiões em que os pressupostos da Internet não podem ser respeitados. Se, em qualquer momento, não existir um caminho entre as fontes e o destino, o TCP/IP não funciona corretamente ou pode mesmo deixar de funcionar completamente. Devido a estas circunstâncias, desenvolveu-se uma nova rede que é independente da conetividade de extremo a extremo entre nós. Esta rede é designada por redes tolerantes ao atraso (DTN). As redes tolerantes aos atrasos (DTN) são uma abordagem à arquitetura das redes informáticas que visa resolver os problemas técnicos das redes heterogéneas que sofrem de falta de conetividade contínua. As redes tolerantes aos atrasos (DTN) permitem a transferência de dados quando os nós móveis só estão ligados de forma intermitente. Devido à falta de conetividade consistente, o encaminhamento das DTN segue normalmente o método de armazenar-transportar-e-reencaminhar; ou seja, depois de receber alguns pacotes, um nó transporta-os até contactar outro nó e depois reencaminha os pacotes. Uma vez que o encaminhamento DTN se baseia em nós móveis que reencaminham pacotes uns para os outros, o desempenho do encaminhamento (por exemplo, o número de pacotes entregues aos seus destinos) depende do facto de os nós entrarem ou não em contacto uns com os outros.

1.2 Conceito de DTN

Uma rede tolerante aos atrasos pode ser considerada como uma sobreposição às redes regionais existentes. Esta sobreposição é designada por camada de pacote. Esta camada destina-se a funcionar acima das camadas de protocolo existentes e a desempenhar a função de gateway quando dois nós entram em contacto um com o outro. A principal vantagem deste tipo de protocolo é a flexibilidade. Pode ser facilmente ligado às redes de protocolo TCP/IP já existentes ou pode ser utilizado para ligar duas ou mais redes. A posição da camada de pacote pode ser vista na figura 1.1 seguinte.

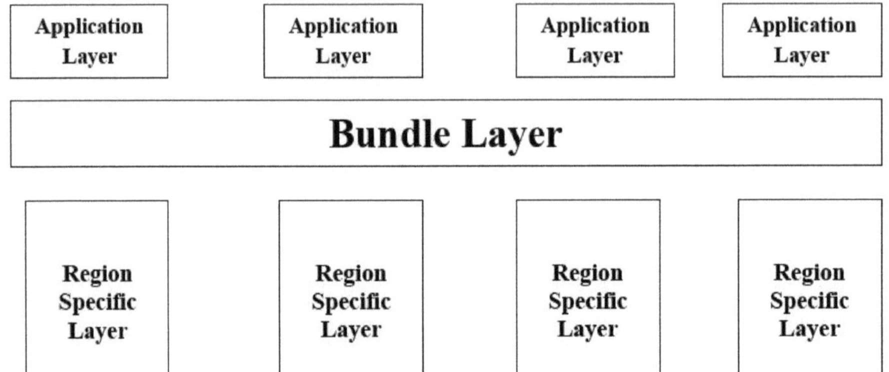

Figura 1.1 : A posição da camada de feixe.

Os pacotes são também designados por mensagens. A transferência de dados de um nó para outro pode ser tornada fiável através do armazenamento e encaminhamento de pacotes inteiros entre nós. Os pacotes são compostos por três elementos: os dados do utilizador do nó de origem, informações de controlo (por exemplo, ID do nó de origem, ID do nó de destino, TTL, etc.) e um cabeçalho do pacote. Para além da transferência de pacotes, é também efectuada a transferência de custódia. O nó de custódia de um pacote mantém a mensagem até que esta seja transferida com êxito para o nó seguinte e este assuma a custódia dessa mensagem ou até que o TTL da mensagem expire.

1.2.1 Camada do pacote

Criação de pacotes na origem

A aplicação de origem invoca a sua camada de pacote, solicitando a transferência de um pacote com um cabeçalho, como se mostra na tabela abaixo. Os dados do utilizador da fonte incluem instruções para a aplicação de destino para o processamento, armazenamento, eliminação e tratamento de erros dos dados. Estes dados do utilizador não são visíveis para as camadas do pacote que tratam da transferência. A camada do pacote de origem verifica a assinatura da fonte, cria um pacote, acrescenta a sua própria assinatura após o cabeçalho do pacote e armazena o resultado num armazenamento persistente. O armazenamento é necessário, mesmo que exista uma oportunidade de reencaminhamento imediato, porque a camada de agrupamento aceitou uma transferência de custódia e deve, por conseguinte, estar preparada para retransmitir o agrupamento se não receber uma confirmação, dentro do tempo de reconhecimento do agrupamento, de que o depositário subsequente recebeu e aceitou o agrupamento.

Transmissão por fonte

A camada de pacote de origem consulta sua tabela de roteamento e descobre que o próximo salto é capaz de aceitar transferências de custódia em um caminho em direção ao destino e que o TCP é o protocolo de transporte adequado. A camada do pacote de origem também determina que tem uma conexão contínua com o gateway da Terra. A camada de pacote transmite uma cópia do pacote para o gateway seguinte via TCP, inicia um temporizador de retransmissão de tempo para confirmação e aguarda uma confirmação de transferência de custódia do gateway.

Pacote de Receção por Destino

Quando a camada de pacote de destino recebe o pacote através de TCP, termina a sessão TCP e verifica a assinatura da camada de pacote Mars-gateway, utilizando as suas cópias armazenadas de certificados de roteadores adjacentes e chaves públicas de autoridade de certificação (CA). Determina que o pacote foi encaminhado por uma fonte legítima. Em seguida, armazena o pacote recebido em armazenamento persistente, aceita a custódia do pacote e confirma-o por confirmação à camada de pacote do remetente, que elimina a sua cópia de custódia do pacote. A camada do pacote de destino desperta a aplicação de destino identificada pelo ID da entidade. Dependendo da parte de controlo dos dados do utilizador enviados pela fonte, a aplicação de destino pode gerar um aviso de receção da camada de aplicação num novo pacote e enviá-lo à fonte.

1.3 Armazenagem e abordagem prospetiva

As redes tolerantes aos atrasos ultrapassaram os problemas associados aos protocolos convencionais em termos de falta de conetividade, atrasos irregulares, taxas de dados bidireccionais assimétricas, etc. O conceito de armazenamento e encaminhamento. O método de armazenamento e encaminhamento é muito análogo ao serviço postal da vida real. Cada carta tem de passar por um conjunto de estações de correio, onde é processada e reencaminhada, antes de chegar ao destino. Aqui, a mensagem completa ou uma parte dela é transferida e armazenada sucessivamente nos nós até chegar ao destino. A figura 1.3 apresenta uma representação gráfica aproximada do modo como uma mensagem se propaga através de uma rede. Cada nó está associado a um dispositivo de armazenamento persistente (como um disco rígido), onde pode armazenar as mensagens.

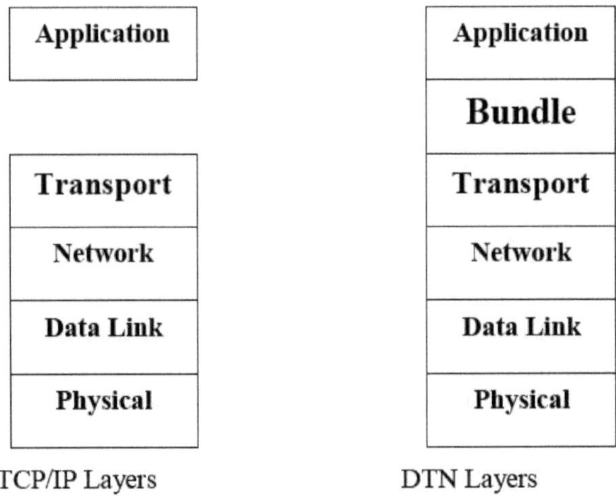

Figura 1.2 : Uma comparação entre as camadas TCP/IP e as camadas DTN

É chamado de armazenamento persistente, pois pode armazenar a mensagem por um período de tempo indefinido, ao contrário dos dispositivos de memória de curto prazo. O armazenamento persistente pode ser útil em situações em que o nó seguinte não está disponível durante um período de tempo muito longo, ou quando a taxa de mensagens recebidas é muito superior à taxa de mensagens enviadas.

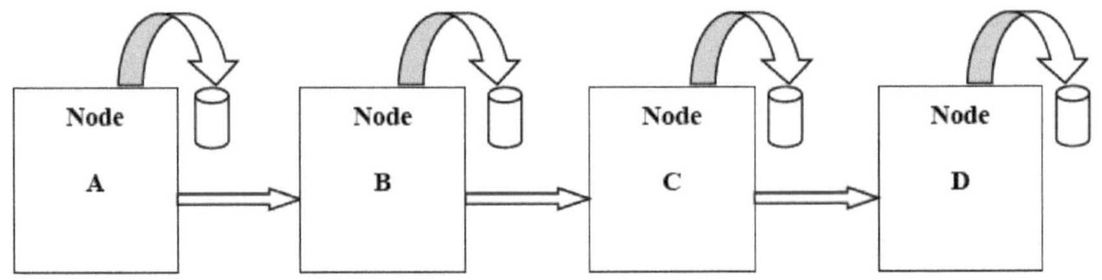

Figura 1.3 : Abordagem de armazenamento e encaminhamento nas camadas DTN

1.4 Tipos de contactos

Em termos gerais, há dois tipos de contactos [18] que podem ocorrer numa DTN: oportunistas e programados. Nos contactos oportunistas, os nós não dispõem de qualquer tipo de informação direta ou indireta sobre um contacto futuro. Todos os contactos ocorrem por mero acaso. Pessoas em movimento, automóveis, aviões, etc. estabelecem um contacto não programado e transferem mensagens se estiverem suficientemente perto e tiverem energia suficiente para suportar a comunicação. Por outro lado, os contactos programados são aqueles cuja ocorrência já é conhecida pelos nós. Esta informação é dada diretamente aos nós ou pode ser calculada indiretamente pelos nós. Este tipo de contactos ocorre geralmente quando os nós se deslocam ao longo de um caminho específico predefinido. Os contactos programados podem ser observados nas comunicações interplanetárias ou nas comunicações que envolvem os satélites que se deslocam em torno da Terra. O principal inconveniente neste caso é o facto de a hora em cada nó ter de ser sincronizada.

1.5 Transferência de custódia

As DTN suportam o controlo de erros das mensagens transferidas. A retransmissão de mensagens é efectuada em caso de dados corrompidos ou perdidos. Esta fiabilidade é oferecida pela utilização da camada de pacotes através do conceito de transferências de custódia. Quando um nó de origem/encaminhador pretende enviar uma mensagem para outro nó, solicita uma transferência de custódia e inicia um temporizador TTA (Time-To-Acknowledge). Se o destinatário pretendido confirmar a receção antes de o temporizador TTA expirar, a custódia é transferida juntamente com a mensagem. Caso não haja confirmação, a mensagem é retransmitida. O valor limite para o temporizador TTA pode já estar predefinido em cada nó ou pode variar de acordo com as experiências anteriores de um nó. O nó que tem a custódia de um pacote não pode apagar o pacote, a menos que outro nó assuma a custódia da mensagem ou que o TTL da mensagem expire.

1.6 Protocolos de encaminhamento

Foram adoptadas muitas abordagens para conseguir uma comunicação fiável entre a fonte e o destino. As abordagens propostas centraram-se numa série de problemas, como a melhoria da taxa de entrega, a otimização da utilização dos recursos disponíveis, como o espaço de memória intermédia, a bateria, etc., e o aumento da escalabilidade. A mobilidade dos nós era vista como um obstáculo ao encaminhamento, mas algumas abordagens utilizaram essa mesma mobilidade para enfrentar o problema da descontinuidade. A abordagem mais recente é a da exploração da interação social dos seres humanos, de modo a melhorar as taxas de entrega das mensagens.

O encaminhamento em redes tolerantes ao atraso pode ser classificado em 3 tipos,

• Encaminhamento de EPIDEMIAS

• PROPHET Encaminhamento

• Baseado em incentivos.

1.6.1 Encaminhamento epidémico

No encaminhamento baseado na disseminação numa rede tolerante ao atraso, a tónica é colocada na melhor forma de disseminar a mensagem na rede. Quando os nós que transportam uma determinada mensagem não estão concentrados numa pequena região, mas espalhados por toda a rede, há maiores probabilidades de um nó que transporta a mensagem entrar em contacto direto com o destino. Alguns dos métodos básicos propostos são o Epidemic[1], Spray and wait[5]. Na abordagem Epidémica, o protocolo não tem qualquer conhecimento sobre a rede e o movimento dos nós. O protocolo epidémico garante que uma mensagem chega ao destino espalhando-a em direcções omnidireccionais, tal como um vírus que espalha uma doença epidémica. Se um nó encontra outro nó, ambos trocam mensagens que o outro não possui. Deste modo, garante-se que a mensagem está a circular e se espalha por toda a rede. Mas o problema surge devido a um grande número de transferências de mensagens. Uma vez que, nas redes tolerantes ao atraso, os nós têm uma quantidade limitada de memória intermédia e energia (ou seja, bateria), o protocolo epidémico consome muita bateria para processar as mensagens e trocá-las dentro e fora da memória intermédia. Este facto leva a um custo de sobrecarga muito elevado, como demonstrado no artigo [9]. Assim, o protocolo epidémico não é muito eficiente. O outro tipo de esquema utilizado é o Spray and Wait. Este garante que a mensagem é distribuída mais na direção do nó de destino. O esquema é composto por duas fases - fase de pulverização e fase de espera. Na fase de pulverização, um nó pode injetar réplicas de uma mensagem na rede, enquanto na fase de espera um nó aguarda até entrar em contacto direto com o nó de destino para entregar a mensagem transportada. A principal vantagem deste esquema é o facto de limitar o número máximo (L) de cópias que podem estar presentes na rede. Tem duas variantes básicas, a vanilla e a binária. Na versão vanilla, apenas o nó de origem continua a pulverizar uma única cópia da mensagem para os primeiros L-1 nós distintos que encontra. A segunda versão é a Spray and Wait Binary. O nó de origem começa com um número L de cópias. Cada nó transfere metade do número de cópias que possui para os nós que encontra. Eventualmente, todos os nós que transportam a mensagem ficarão apenas com uma única cópia da mensagem. Agora, estes nós esperam até entrarem em contacto direto com o nó de destino, para poderem transferir a mensagem pretendida. A versão binária é melhor do que a versão vanilla correspondente, uma vez que a difusão da mensagem é muito rápida na rede.

Para reduzir a elevada utilização da largura de banda, os esquemas de cópia única foram também amplamente explorados em [12, 13]. Nestes algoritmos, apenas uma cópia de uma determinada mensagem está presente na rede em qualquer instante de tempo. Isto diminui drasticamente o número de transmissões e, consequentemente, poupa energia e largura de banda. As aplicações destes esquemas de cópia única são muito limitadas e não produzem resultados óptimos na maioria das situações em termos de taxa de entrega de mensagens.

O objetivo geral do encaminhamento epidémico é maximizar a taxa de entrega de mensagens e minimizar a latência de entrega de mensagens, minimizando também os recursos agregados do sistema consumidos na entrega de mensagens.

Os objectivos do encaminhamento epidémico são os seguintes

i) Distribuir eficazmente mensagens através de redes ad hoc parcialmente ligadas de forma probabilística.

ii) Minimizar a quantidade de recursos consumidos na entrega de uma única mensagem, e

iii) Maximizar a percentagem de mensagens que acabam por ser entregues no seu destino.

E pidemic Routing levanta uma série de questões interessantes para o protocolo de encaminhamento subjacente:

a) Encaminhamento sob incerteza: Os remetentes de mensagens têm um conhecimento inexato da localização dos nós em todo o sistema. Assim, uma questão fundamental é determinar se uma mensagem deve ser transmitida quando um hospedeiro entra no alcance de um potencial portador. Por exemplo, o sistema pode ter em conta os hospedeiros com os quais o portador alvo entrou recentemente em contacto e o seu destino/velocidade atual.

b) Atribuição de recursos: Ao contrário do encaminhamento normal, é provável, e talvez até desejável, ter várias cópias de uma mensagem em trânsito simultaneamente. Em geral, o sistema deve equilibrar os objectivos contraditórios de maximizar a entrega da mensagem e minimizar o consumo de recursos. Por exemplo, uma única mensagem não deve consumir espaço de memória intermédia em todos os anfitriões da Internet só para garantir a sua entrega atempada. Por outro lado, as cópias de uma mensagem podem ser colocadas em buffer em vários hosts para maximizar a probabilidade de uma determinada mensagem ser eventualmente entregue.

c) Desempenho: Um determinado protocolo de troca de mensagens e de encaminhamento pode ser avaliado segundo uma série de eixos diferentes. As métricas de desempenho incluem a latência média na entrega de mensagens, a quantidade média de armazenamento do sistema e de largura de banda de comunicação consumida na entrega de uma mensagem e a quantidade de energia consumida na transmissão da mensagem para o seu destino. Esta última métrica de consumo de energia é particularmente relevante para os anfitriões móveis, porque um anfitrião tem de considerar as consequências energéticas de se tornar portador de uma determinada mensagem. Uma vez que o armazenamento e a transmissão de mensagens consomem energia, bem como métricas de desempenho tradicionais, como ciclos de CPU, memória e largura de banda da rede, é importante equilibrar o consumo de todos os recursos do sistema na transmissão de mensagens para o seu destino final.

d) Confiabilidade: Dada a entrega probabilística de mensagens no nosso modelo, certas aplicações podem desejar confirmações da entrega bem sucedida de mensagens. Por exemplo, o anfitrião de origem e todos os portadores podem libertar os recursos associados a uma mensagem quando tomam conhecimento da sua receção com êxito no anfitrião pretendido.

e) .segurança: Uma mensagem pode percorrer um caminho arbitrário de hosts antes de chegar ao seu destino final. Dependendo da sensibilidade da informação e dos requisitos das aplicações individuais, os receptores podem exigir certas garantias sobre a autenticidade de uma mensagem. Embora as técnicas criptográficas conhecidas possam fornecer algumas dessas garantias, também pode ser benéfico seguir todo o caminho que uma mensagem percorre para chegar ao recetor. Desta forma, os receptores podem saber se uma mensagem foi exposta (mesmo em formato cifrado) a hospedeiros não confiáveis. Do mesmo modo, os transportadores podem utilizar a informação de sensibilidade associada a uma determinada mensagem para eliminar da lista de potenciais transportadores os anfitriões não fiáveis.

O encaminhamento epidémico permite a entrega eventual de mensagens a destinos arbitrários com pressupostos mínimos relativamente à topologia e à conetividade da rede. De facto, apenas é necessária uma conetividade periódica entre pares para garantir a entrega eventual de mensagens. O protocolo de encaminhamento epidémico funciona da seguinte forma. O protocolo baseia-se na distribuição transitiva de mensagens através de redes ad hoc, sendo que as mensagens acabam por chegar ao seu destino. Cada anfitrião mantém uma memória intermédia que consiste em mensagens que originou, bem como em mensagens que está a armazenar em nome de outros anfitriões. Para ser mais eficiente, uma tabela de hash indexa esta lista de mensagens, com um identificador único associado a cada mensagem. Cada host armazena um vetor de bits, chamado vetor de resumo, que indica quais entradas em suas tabelas de hash locais estão definidas. Embora não seja explorado aqui, um "filtro Bloom" reduziria substancialmente a sobrecarga de espaço associada ao vetor de resumo. Quando dois hosts entram em alcance de comunicação um do outro, o host com o identificador menor inicia uma sessão anti-entropia (este termo é emprestado da literatura) com o host com o identificador maior. Para evitar conexões redundantes, cada host mantém um cache de hosts com os quais falou recentemente. A anti-entropia não é reiniciada com anfitriões remotos que tenham sido contactados dentro de um período de tempo configurável.

Durante a anti-entropia, os dois anfitriões trocam os seus vectores de resumo para determinar quais as mensagens armazenadas remotamente que não foram vistas pelo anfitrião local. Por sua vez, cada anfitrião solicita cópias das mensagens que ainda não viu. O anfitrião recetor mantém total autonomia para decidir se aceita ou não uma mensagem. Por exemplo, ele pode determinar que não está disposto a transportar mensagens maiores que um determinado tamanho ou destinadas a determinados hosts. Embora não experimentemos essas políticas gerais, modelamos um tamanho máximo de fila associado a cada host, que determina o número máximo de mensagens que um host está disposto a transportar em nome de outros hosts.

A figura 4 mostra a troca de mensagens no protocolo de encaminhamento epidémico. O anfitrião A entra em contacto com o anfitrião B e inicia uma sessão anti-entropia. Na primeira etapa, A transmite o seu vetor de resumo, SVA, a B. SVA é uma representação compacta de todas as mensagens armazenadas em A. Em seguida, B efectua uma operação lógica AND entre a negação do seu vetor de resumo, SVB, (a negação do vetor de resumo de B, que representa as mensagens de que necessita) e SVA. Ou seja, B determina a diferença de conjunto entre as mensagens armazenadas em buffer em A e as mensagens armazenadas em buffer localmente em B. Em seguida, transmite um vetor que solicita essas mensagens a A. No terceiro passo, A transmite as mensagens solicitadas a B. Este processo é repetido transitivamente quando B entra em contacto com um novo vizinho. Com espaço e tempo suficientes, estas sessões anti-entropia garantem a eventual entrega de mensagens através desta troca de mensagens entre pares.

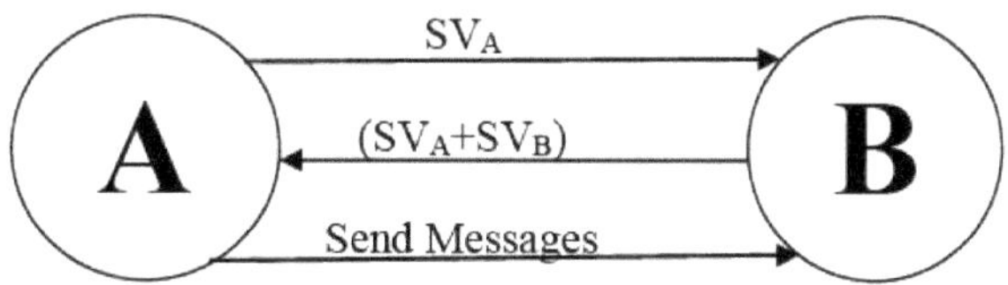

Figura 1.4: Troca de mensagens no encaminhamento epidémico.

A nossa conceção de encaminhamento epidémico associa a cada mensagem um identificador de mensagem único, uma contagem de saltos e um pedido opcional de ack. O protótipo descrito na Secção 3 ainda não implementa o pedido de ack. O identificador de mensagem é um número único de 32 bits. Este identificador é uma concatenação do ID do anfitrião e de um ID de mensagem gerado localmente (16 bits cada). A atribuição de IDs a hosts móveis está fora do âmbito deste documento. No entanto, se os hosts de uma rede ad hoc tiverem a mesma máscara de sub-rede, os bits restantes do endereço IP podem ser usados como identificador. Na nossa implementação, os hosts da rede ad hoc recebem IDs estáticos.

O campo de contagem de saltos determina o número máximo de trocas epidémicas a que uma determinada mensagem está sujeita. Embora a contagem de saltos seja semelhante ao campo TTL nos pacotes IP, as mensagens com uma contagem de saltos de um só serão entregues ao seu destino final. Como discutido abaixo, esses pacotes são descartados de acordo com os requisitos de espaço disponível no buffer local. Valores maiores para a contagem de saltos distribuirão uma mensagem pela rede mais rapidamente. Isto normalmente reduz o tempo médio de entrega, mas também aumenta o consumo total de recursos na entrega de mensagens. Assim, as mensagens de alta prioridade podem ser marcadas com uma contagem de saltos elevada, enquanto a maioria das mensagens pode ser marcada com um valor próximo do número esperado de saltos para uma determinada configuração de rede, de modo a minimizar o consumo de recursos. Dado que as mensagens são entregues de forma probabilística no encaminhamento epidémico, certas aplicações podem exigir confirmações de entrega de mensagens. O campo de pedido ack indica ao destino de uma mensagem que deve fornecer uma confirmação da entrega da mensagem. Estas confirmações são modeladas como simples mensagens de retorno do recetor para o remetente. Naturalmente, o aviso de receção também pode ser acompanhado de qualquer outra mensagem destinada ao remetente depois de a mensagem ter sido entregue com êxito. Como trabalho futuro, pretendemos experimentar complementar a anti-entropia com a troca de um vetor de "mensagem entregue". Este vetor pode atuar como reconhecimento da mensagem e como uma capacidade de libertar o espaço do buffer associado a mensagens que tenham sido previamente entregues. Cada anfitrião define um tamanho máximo de buffer que está disposto a atribuir para a distribuição epidémica de mensagens. O tamanho do buffer limita a quantidade de memória e recursos de rede consumidos pelo roteamento epidêmico. Em geral, os hosts abandonam as mensagens mais antigas em favor das mais recentes quando atingem a capacidade do seu buffer. Naturalmente, existe um compromisso inerente entre o consumo agregado de recursos e a taxa de entrega/latência das mensagens. Para garantir a eventual entrega de todas as mensagens, o tamanho do buffer em pelo menos um subconjunto de nós deve ser aproximadamente igual ao número esperado de mensagens em trânsito num determinado momento. Caso contrário, é possível que as mensagens mais antigas sejam eliminadas de todos os buffers antes da entrega. Várias estratégias de gerenciamento são possíveis para o buffer de mensagens por host. A política mais simples é primeiro a entrar, primeiro a sair (FIFO). Essa política é simples de implementar e limita a quantidade de tempo que uma determinada mensagem pode permanecer "viva" (ou seja, residente em pelo menos um buffer). Uma vez que um número suficiente de novas mensagens tenha sido introduzido no sistema, é provável que as mensagens mais antigas sejam eliminadas da maioria dos buffers. Desde que o tamanho do buffer em todos os hosts seja maior do que o número esperado de mensagens em trânsito num determinado momento, o FIFO é uma política muito razoável. No entanto, se o tamanho do buffer disponível for limitado em relação ao número de mensagens, o FIFO é sub-ótimo no que diz respeito à justiça e à qualidade de serviço (QoS). Por exemplo, a utilização agregada da memória intermédia de um anfitrião é diretamente proporcional ao número de mensagens que envia, o que pode não ser justo para outros anfitriões. Além disso, o FIFO não fornece nenhum mecanismo para entregar ou armazenar preferencialmente mensagens de alta prioridade. Os algoritmos de enfileiramento justo, incluindo o enfileiramento justo ponderado (WFQ), distribuem logicamente o espaço disponível no buffer entre hosts concorrentes, fornecendo QoS diferenciado numa granularidade por mensagem. Para nossas experiências, implementamos o FIFO, mas pretendemos investigar o WFQ como trabalho futuro.

1.6.2 Roteamento do Profeta

O historial de encontros de um nó com outros nós fornece informações ruidosas mas muito valiosas sobre a localização de um nó pretendido num passado próximo. Este historial de encontros tem sido explorado em muitos trabalhos [7, 11]. O projeto Zebranet [10] foi uma das primeiras tentativas de utilizar o historial de encontros para a transferência de mensagens. Neste projeto, cada nó mantém um valor histórico para todos os outros nós que encontrou. Quanto mais recente for o encontro, melhor será o valor do historial. Estes valores históricos contêm, portanto, informações directas sobre a localização relativa dos nós numa rede. Por conseguinte, foram concebidos esquemas em que um nó é obrigado a reencaminhar cópias de uma mensagem apenas para os nós que têm um valor histórico superior a um determinado valor limite Hth para o nó de destino da mensagem. Estes esquemas têm, por conseguinte, um melhor desempenho do que as abordagens relacionadas com a inundação [10, 11]. A tomada de decisão destes esquemas é melhor do que a do encaminhamento aleatório [12]. Mas o principal problema reside na seleção e variação do valor do limiar de histórico Hth . Um valor baixo de Hth é melhor inicialmente quando a fonte cria uma nova mensagem e quer espalhá-la. Em ocasiões posteriores, o valor de Hth tem de ser gradualmente aumentado com base em determinados parâmetros. No entanto, os esquemas de utilidade histórica podem transformar-se em inundações quando o valor de Hth é consistentemente baixo.

O esquema em [14] propôs um método chamado PROPHET (Probabilistic Protocol using History of Encounters and Transitivity). Aqui, utilizaram o histórico de encontros para calcular a previsibilidade de entrega de cada nó. Cada nó mantém uma tabela com a previsibilidade de entrega de todos os nós para todos os destinos. Quando um nó entra em contacto com outro, esta informação é trocada. Utiliza também a propriedade transitiva dos dados para decidir qual o melhor nó para onde encaminhar a mensagem. O autor observou uma taxa de entrega mais elevada quando comparada com a epidemia. O esquema proposto em [7] foi designado por FRESH (Fresher Encounter SearcH). Neste esquema, um nó que queira reencaminhar uma mensagem procura um nó que tenha estado em contacto com o nó de destino mais vezes do que ele próprio. Com isto, os autores esperam que o nó reencaminhado tenha uma maior probabilidade de entregar a mensagem ao destino. Este processo é efectuado repetidamente até o destino ser alcançado.

1.6.3 Protocolo RAPID

O Protocolo de Atribuição de Recursos, vulgarmente conhecido por "RAPID", foi desenvolvido na Universidade de Massachusetts, Amherst. É também um protocolo de inundação baseado na replicação. Os autores do RAPID argumentam, como premissa de base, que os algoritmos de encaminhamento DTN anteriores afectam incidentalmente as métricas de desempenho, como o atraso médio e o rácio de entrega de mensagens. O objetivo do RAPID é afetar intencionalmente uma métrica de encaminhamento de sinal[19]. A ideia principal deste protocolo baseia-se numa "Função de Utilidade". Uma função de utilidade atribui um valor de utilidade, "U", que se baseia na métrica que está a ser optimizada, como o atraso de ponta a ponta ou a taxa de entrega de pacotes. U é definido como a contribuição esperada do pacote para essa métrica. O RAPID replica primeiro os pacotes que resultam localmente no maior aumento de utilidade. O protocolo geral é composto por quatro etapas:

- **Inicialização:** Os metadados são trocados para ajudar a estimar as utilidades dos pacotes.

- **Entrega direta:** Os pacotes destinados aos vizinhos imediatos são transmitidos.

- **Replicação:** Os pacotes são replicados com base na utilidade marginal.

- **Terminação:** O protocolo termina quando os contactos são interrompidos ou quando todos os pacotes são replicados.

O núcleo do protocolo RAPID baseia-se no conceito de uma função de utilidade. Uma função de utilidade atribui um valor de utilidade, U_i a cada pacote **i**, que se baseia na métrica que está a ser optimizada em [19]. U_i é definido como a contribuição esperada do pacote *i* para esta métrica. O RAPID replica primeiro os pacotes que resultam localmente no maior aumento de utilidade. Por exemplo, suponha que a métrica a otimizar é o atraso médio. A função de utilidade definida para o atraso médio é $U_i = -D(i)$, basicamente o negativo do atraso médio[19]. Assim, o protocolo replica o pacote que resulta na maior diminuição do atraso. O RAPID, tal como o MaxProp, baseia-se na inundação e, por conseguinte, tentará replicar todos os pacotes se os recursos da rede o permitirem[19].

1.6.4 Baseado em incentivos

Estes esquemas têm em consideração o facto de os nós numa DTN serem controlados por entidades racionais, como seres humanos, organizações, etc. Nestas situações, é óbvio assumir que os nós se comportarão de forma egoísta, numa tentativa de conservar os seus recursos e minimizar as despesas gerais. Como para uma mensagem viajar da origem para o destino é necessário que os nós intermédios cooperem no encaminhamento da mensagem, a entrega será muito dificultada se os nós intermédios estiverem relutantes em cooperar. Para gerir a entrega de mensagens em tais condições, foi desenvolvido o encaminhamento baseado em incentivos. Nesses esquemas [3, 15, 16], cada nó é encorajado a passar uma mensagem para outros nós através de um incentivo. O incentivo pode ter a forma de uma classificação para um nó. À medida que a classificação de um nó aumenta, as mensagens enviadas por ele serão preferidas para encaminhamento por outros nós. Assim, a probabilidade de entrega de uma mensagem enviada pela fonte é maior. Em [17], um esquema chamado Tit-For-Tat (TFT) foi usado no encaminhamento de mensagens. Aqui, um nó encaminha tanto tráfego para um vizinho quanto o vizinho encaminha para ele. Assim, cada nó tenta encaminhar mais, para que suas mensagens sejam enviadas sem problemas pela rede.

1.7 Funcionamento do protocolo de encaminhamento Prophet

O PRoPHET é um protocolo de encaminhamento probabilístico que utiliza o histórico de encontros e a transitividade. O PRoPHET é uma variante do protocolo de encaminhamento epidémico para redes com ligações intermitentes que funciona através da poda da árvore de distribuição epidémica para minimizar a utilização de recursos, tentando ao mesmo tempo alcançar as melhores capacidades de encaminhamento do encaminhamento epidémico. Destina-se a ser utilizado em redes em malha esparsa, onde não há garantia de que exista um caminho totalmente ligado entre a origem e o destino em qualquer altura, tornando os protocolos de encaminhamento tradicionais incapazes de entregar mensagens entre hospedeiros. Estas redes são exemplos de redes em que existe uma disparidade entre os requisitos de latência das aplicações e as capacidades da rede subjacente (redes frequentemente referidas como tolerantes a atrasos e interrupções). O protocolo de encaminhamento PRoPHET destina-se principalmente a situações em que pelo menos alguns dos nós são móveis, com uma mobilidade que cria padrões de conetividade que não são completamente aleatórios ao longo do tempo, mas que têm um certo grau de previsibilidade. Para que o PRoPHET beneficie dessa previsibilidade nos padrões de contacto entre nós, espera-se que a rede exista em circunstâncias semelhantes durante um período de tempo mais longo (em termos de encontros entre nós), de modo a que a previsibilidade possa ser estimada com precisão. Numa grande rede tolerante a atrasos e interrupções (DTN), as condições da rede podem variar muito e, em diferentes partes da rede, podem ser adequados diferentes protocolos de encaminhamento. Nesta especificação, consideramos o encaminhamento dentro de uma única "zona PRoPHET", que é um conjunto de nós entre os quais as mensagens são encaminhadas usando PRoPHET. Em muitos casos, uma zona PRoPHET não abrangerá toda a DTN, mas haverá outras partes da rede com outras características que utilizam outros protocolos de encaminhamento. Para lidar com isso, pode haver nós dentro da zona que actuam como gateways para outros nós que são os destinos dos pacotes gerados dentro da zona ou que inserem pacotes na zona. Assim, o PRoPHET não é necessariamente utilizado de ponta a ponta, mas apenas em regiões da rede onde a sua utilização é adequada. O PRoPHET baseia-se no cálculo de uma métrica baseada na probabilidade de encontrar um determinado nó e na utilização dessa métrica para apoiar a decisão de encaminhar ou não um pacote para um determinado nó.

A maioria dos utilizadores não se desloca de forma completamente aleatória e os padrões de movimento são, portanto, previsíveis, de tal forma que, se um local foi frequentemente visitado no passado, é provável que volte a ser visitado no futuro [14]. Gostaríamos de utilizar esta observação para melhorar o desempenho do encaminhamento através de um encaminhamento probabilístico. Uma métrica probabilística, chamada previsibilidade de entrega, é estabelecida em cada nó para cada destino conhecido, indicando a hipótese prevista de esse nó entregar uma mensagem a esse destino [14]. Quando um nó encontra outro nó, trocam informações sobre as previsibilidades de entrega que possuem e actualizam as suas próprias informações em conformidade. Com base nas previsibilidades de entrega, é tomada uma decisão sobre o envio ou não de uma determinada mensagem para esse nó[14].

P_(A,B) é o valor de previsibilidade de entrega que o nó A terá armazenado para o destino B após o encontro e P_(A,B)_old é o valor correspondente que estava armazenado antes do encontro. Se não for armazenado qualquer valor de previsibilidade de entrega para um determinado destino B, considera-se que P_(A,B) é zero. Como caso especial, o valor métrico para um nó em si é sempre definido como 1 (ou seja, P_(A,A)=1). O cálculo das actualizações das previsibilidades de entrega durante um encontro tem três partes. Quando dois nós se encontram, a primeira coisa que fazem é atualizar a previsibilidade de entrega um para o outro, de modo a que os nós que se encontram frequentemente tenham uma previsibilidade de entrega elevada. Se o nó B não se encontra com o nó A há muito tempo ou nunca se encontrou com o nó B, de modo que P_(A,B) < P_first_threshold, então P_(A,B) deve ser definido como P_encounter_first. Porque o PRoPHET geralmente não tem conhecimento prévio sobre se este é um encontro que será repetido com relativa frequência ou um que será um evento raro, P_encounter_first DEVERÁ ser definido como 0.5 a menos que o nó tenha informação extra obtida sem ser através do protocolo PRoPHET sobre a probabilidade de encontros futuros. Caso contrário, P_(A,B) deve ser calculado como se mostra na Equação 1, em que 0 <= P_encontro <= 1 é um fator de escala que define a taxa a que a previsibilidade aumenta nos encontros após o primeiro e delta é um pequeno número positivo que define efetivamente um limite superior para P_(A,B). O limite é definido de modo a que as previsibilidades entre nós diferentes sejam estritamente inferiores a 1. O valor de delta deve normalmente ser muito pequeno (por exemplo, 0,01) de modo a não restringir significativamente a gama de previsibilidades disponíveis, mas pode ser escolhido para tornar os cálculos eficientes quando tal for importante.

P_(A,B) = P_(A,B)_old + (1 - delta - P_(A,B)_old) * P_encontro   (1)

Se um par de nós não se encontra durante algum tempo, é menos provável que sejam bons encaminhadores de mensagens um para o outro, pelo que os valores de previsibilidade de entrega devem envelhecer, sendo reduzidos no processo. A equação de envelhecimento é mostrada pela equação (2) onde y a [0, 1) é a constante de envelhecimento, e k é o número de unidades de tempo que decorreram desde a última vez que a métrica foi envelhecida. A unidade de tempo utilizada pode ser diferente e deve ser definida com base na aplicação e nos atrasos esperados na rede visada[14].

$$P_{(a,b)} = P_{(a,b)old} * \gamma^k \qquad\qquad (2)$$

A previsibilidade de entrega também tem uma propriedade transitiva, que se baseia na observação de que se o nó A encontra frequentemente o nó B e o nó B encontra frequentemente o nó C, então o nó C é provavelmente um bom nó para encaminhar mensagens destinadas ao nó A. A equação (3) mostra como esta transitividade afecta a previsibilidade da entrega, em que $\beta \; \varepsilon \; [0, 1]$ é uma constante de escala que decide o impacto que a transitividade deve ter na previsibilidade da entrega.

$$P_{(a,c)} = P_{(a,c)old} + (1-P_{(a,c)old})*P_{(a,b)}*P_{(b,c)}*\beta, \qquad (3)\,\text{Œ}$$

1.8 Endereçamento e conetividade com a Internet

Cada nó DTN tem um nome de duas partes, constituído por um ID de região (ou nome de região) e um ID de entidade (ou nome de entidade). O encaminhamento entre regiões baseia-se apenas em IDs de região, que estão ligados aos seus endereços correspondentes em toda a DTN. O encaminhamento dentro das regiões baseia-se apenas em IDs de entidade, que estão ligados aos seus endereços correspondentes apenas dentro dessa região. Assim, cada região utiliza um mapeamento diferente de IDs de entidade para endereços, e não é necessária largura de banda para copiar mapeamentos de nome-endereço entre regiões. As gateways pertencem a duas ou mais regiões e movem pacotes entre regiões. Assim, as gateways têm várias IDs de região. Os IDs de região utilizam a mesma sintaxe de espaço de nomes que o Sistema de Nomes de Domínio (DNS) da Internet. Uma entidade pode ser um anfitrião (um nó DTN), uma instância de aplicação, um protocolo, um URL, uma porta (utilizada para encontrar o serviço de pacotes num anfitrião) e potencialmente um token (utilizado para encontrar uma instância de aplicação específica que esteja a utilizar o serviço de pacotes), ou qualquer outra coisa.

1.9 Roteamento na DTN

No entanto, numa DTN, um caminho de extremo a extremo pode não estar disponível em todos os momentos. O encaminhamento é efectuado ao longo do tempo para conseguir uma eventual entrega, utilizando o armazenamento a longo prazo nos nós intermédios[38]. O encaminhamento dos pacotes é baseado no paradigma store-carry-and-forward. Ou seja, quando um nó recebe uma mensagem, mas se não houver um caminho para o destino ou mesmo uma ligação a qualquer outro nó, a mensagem deve ser armazenada em buffer neste nó atual e as próximas oportunidades de encontrar outros nós devem ser aguardadas.

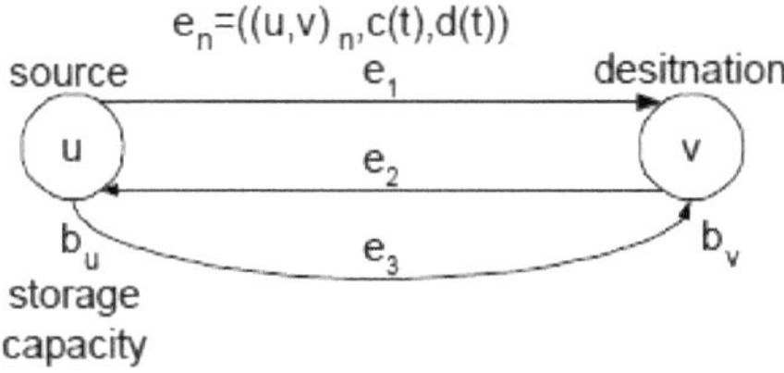

Figura 1.5: Arestas num grafo DTN.

A Figura 1.5 fala-nos das arestas num grafo DTN. Os nós podem estar ligados por várias arestas, representando diferentes ligações físicas. Cada nó j efectua o encaminhamento de armazenamento e encaminhamento e tem uma capacidade de armazenamento finita (bj). A razão para utilizar um grafo múltiplo é simples: pode ser possível selecionar entre dois tipos de ligação (física) distintos para mover dados entre o mesmo par de nós. Além disso, as capacidades de ligação (e, em menor grau, o atraso de propagação) dependem do tempo (a capacidade é zero nos momentos em que a ligação não está disponível). Assim, o conjunto de arestas no grafo deve captar tanto a capacidade variável no tempo como o atraso de propagação, bem como múltiplas arestas paralelas.

Além disso, mesmo que um nó se encontre com outro nó, deve decidir cuidadosamente se encaminha a sua mensagem para esse nó. É óbvio que o reencaminhamento de uma mensagem para vários nós aumenta a probabilidade de entrega de uma mensagem. No entanto, esta pode não ser a escolha correcta, pois pode causar uma enorme sobrecarga de mensagens na rede, o que provoca um consumo redundante de energia e de recursos. Por outro lado, o envio de uma cópia da mensagem a um número reduzido de nós utiliza os recursos da rede de forma eficiente, mas a probabilidade de entrega da mensagem é menor e o atraso na entrega é maior. Por conseguinte, verifica-se claramente que existe um compromisso entre o rácio de entrega de mensagens e o consumo de energia e o atraso de entrega na rede.

Uma DTN é uma rede de redes, em que cada uma das "redes" é uma região em que as características de comunicação são homogéneas. Por exemplo, uma região pode ser a Internet da Terra, uma rede de assistentes pessoais digitais (PDA) sem fios, uma rede de sensores, uma rede tática militar, uma autoestrada inteligente, a superfície de um planeta ou uma nave espacial [40]. Cada região tem um ID de região único que pode ser conhecido por todas as regiões da DTN e faz parte do nome de cada nó. Os gateways da DTN podem pertencer a duas ou mais regiões e são o único meio de transferir mensagens entre regiões [40].

1.10 Aplicações DTN

1. Serviços de emergência

- Operações de busca e salvamento

- Recuperação de desastres

- Substituição de infra-estruturas fixas em caso de catástrofes ambientais

- Policiamento e combate a incêndios

- Apoio aos médicos e enfermeiros nos hospitais

2. Redes de sensores

- Aplicações domésticas: sensores e actuadores inteligentes incorporados na eletrónica de consumo

*   Redes de área corporal (BAN)

*   Seguimento dos dados relativos às condições ambientais, movimentos dos animais, deteção química/biológica.

3. Redes móveis terrestres

4. Redes de meios de comunicação exóticos

*   Satélite próximo da Terra

*   Ligações de rádio de muito longa distância (RF no espaço profundo)

5. Redes Ad-Hoc militares

1.11 Necessidade de redes tolerantes a atrasos

Estas redes caracterizam-se pelo seguinte. É devido a estas características que os protocolos Internet falham ou se tornam inúteis.

1) Falta de conetividade: Se, em qualquer momento, não existir um caminho de extremo a extremo entre a origem e o destino (amplamente designado por particionamento da rede), então a comunicação de extremo a extremo não pode ser efectuada utilizando o conjunto de protocolos TCP/IP. Aqui a DTN é muito útil.

2) Atrasos irregulares: Grandes atrasos podem fazer com que o conjunto de protocolos TCP/IP funcione de forma incorrecta. Os atrasos de propagação entre os nós de transmissão, combinados com o atraso de enfileiramento em cada nó, podem derrubar os protocolos que dependem em grande medida do rápido retorno da confirmação de um dado enviado. Esta situação pode ser ultrapassada utilizando as DTN.

3) Taxas de dados bidireccionais assimétricas: As assimetrias moderadas da taxa de dados bidireccionais podem ser toleradas até certo ponto nos protocolos convencionais. Mas se as assimetrias forem grandes, podem ser facilmente ultrapassadas. As redes chamadas de redes desafiadas violam os pressupostos da Internet convencional e, portanto, os protocolos TCP/IP não podem ser usados aqui. Tal como descrito em [18], os exemplos de redes desafiantes podem ser as redes de meios exóticos, as redes móveis terrestres, as redes baseadas em sensores, etc.

4) Atraso longo ou variável: Para além da conetividade intermitente, os longos atrasos de propagação entre nós e os atrasos variáveis de colocação em fila de espera nos nós contribuem para atrasos no percurso de extremo a extremo que podem comprometer os protocolos e aplicações da Internet que dependem do rápido retorno das confirmações ou dos dados[40].

1.12 DTN vs Internet

Na Internet, os protocolos TCP e IP são utilizados em toda a rede. O TCP funciona nos pontos finais de um caminho, onde gere a entrega fiável de segmentos de mensagens de extremo a extremo. O IP funciona em todos os nós do caminho, onde encaminha os datagramas de mensagens. Os routers da Internet não necessitam de uma camada de transporte para o encaminhamento, mas implementam camadas de transporte e de aplicação (não apresentadas) para a manutenção da tabela de encaminhamento e outros fins de gestão. Numa DTN, as pilhas de protocolos de todos os nós incluem as camadas de pacote e de transporte. As gateways DTN têm as mesmas camadas de pilha dupla que os encaminhadores DTN, mas podem executar diferentes protocolos de camada inferior (abaixo da camada de pacote) em cada lado da sua pilha dupla. Isto permite que as gateways abranjam duas regiões que utilizam protocolos de camada inferior diferentes.

1.13 Apresentação do livro

- CAPÍTULO 1- Uma breve explicação dos Fundamentos de Redes Tolerantes ao Atraso e protocolos associados.

- CAPÍTULO 2 - Este capítulo contém o levantamento bibliográfico que fornece informações sobre as técnicas utilizadas.

- CAPÍTULO 3 - Este capítulo explica o problema encontrado no sistema existente que deu origem a este trabalho.

- CAPÍTULO 4 - Este capítulo define as finalidades e os objectivos do sistema, bem como a ferramenta de simulação utilizada e a metodologia proposta.

- CAPÍTULO 5 - Este capítulo contém o projeto e a implementação passo a passo, bem como a análise dos resultados e o gráfico de comparação.

- CAPÍTULO 6 - Este capítulo conclui este trabalho com o seu âmbito futuro.

CAPÍTULO 2

REVISÃO DA LITERATURA

2.1 Antecedentes

R encaminhamento em redes tolerantes ao atraso é um desafio porque muitos dos pressupostos bem conhecidos das redes tradicionais não se aplicam às DTN. Foram propostos vários esquemas de encaminhamento que exploram a redundância para melhorar a entrega de mensagens. Em [33] foi proposto um modelo que derivou as funções de distribuição de probabilidade do atraso na entrega de mensagens para diferentes esquemas de encaminhamento, incluindo o encaminhamento por transmissão direta, o encaminhamento pela fonte e os esquemas de encaminhamento binário. Na transmissão direta, o nó de origem não reencaminha a mensagem para qualquer outro nó até se encontrar com o nó de destino. No encaminhamento para a fonte, após receber uma cópia da fonte, o nó retransmissor não envia essa cópia da mensagem a nenhum outro nó, exceto ao destino. No encaminhamento binário, quando um nó de retransmissão com mais de uma quota de mensagem se encontra com outro nó que não tem uma cópia dessa mensagem, partilham as quotas de mensagem e cada um deles fica com metade das quotas. Existem muitos protocolos de encaminhamento DTN que utilizam uma variedade de mecanismos, incluindo a descoberta das probabilidades de encontro entre nós, a replicação de pacotes e a codificação da rede. O foco principal desses mecanismos é aumentar a probabilidade de encontrar um caminho com informações limitadas, de modo que essas abordagens têm apenas um efeito incidental nas métricas de roteamento, como o atraso máximo ou médio de entrega. Mas a ideia proposta pelos autores apresenta um protocolo de encaminhamento rápido, um protocolo de encaminhamento DTN intencional que utiliza várias métricas para otimizar uma métrica de encaminhamento específica, como o pior caso de atraso de entrega ou a fração de pacotes que são entregues dentro de um prazo. De acordo com os autores, os resultados sugerem que o rapid supera significativamente os protocolos de encaminhamento existentes para várias métricas. Em contrapartida, propusemos um esquema de encaminhamento para DTN'S que maximiza intencionalmente o desempenho de uma métrica de encaminhamento específica. Embora a nossa abordagem seja heurística, provámos que o protocolo de encaminhamento DTN geral carece de informação suficiente na prática para ser resolvido de forma óptima.

2.2 Revisão da literatura

Kevin Fall [39], em 2003, propôs que havia vários problemas associados às MANET. Para resolver estes problemas, foi desenvolvida uma arquitetura em [39] para conseguir uma maior interoperabilidade entre ambientes extremos sem conetividade contínua. Muitas destas redes têm os seus próprios protocolos especializados e não utilizam IP. A arquitetura DTN visa proporcionar comunicações interoperáveis entre uma vasta gama de redes que podem ter características de desempenho excecionalmente fracas e díspares.

Sushant Jain Kevin Fall e Rabin Patra [38] propuseram, em 2004, que numa DTN, um caminho de ponta a ponta pode não estar disponível em todos os momentos, e que o encaminhamento é efectuado ao longo do tempo para conseguir uma eventual entrega, recorrendo ao armazenamento a longo prazo nos nós intermédios [38]. A formulação e a motivação do problema de encaminhamento DTN, quando os padrões de conetividade são conhecidos, fornecem um quadro para a avaliação de vários algoritmos de encaminhamento [38]. O encaminhamento em DTN parece ser um problema rico e difícil. Requer técnicas para selecionar caminhos, programar transmissões, estimar o desempenho da entrega e gerir buffers. Nas situações em que os recursos são limitados (oportunidades de contacto, largura de banda ou armazenamento), os algoritmos mais inteligentes podem proporcionar uma vantagem significativa.

Evan P. C. Jones Lily Li e Paul A. S. Ward [37], no ano de 2005, as DTN têm o potencial de ligar dispositivos em ambientes desafiados pelas redes actuais. Existem vários desafios para a DTN, tais como a determinação de rotas através da rede, sempre com uma comunicação de ponta a ponta [37]. As abordagens anteriores têm-se centrado na replicação epidémica de mensagens ou no conhecimento da programação da conetividade [37]. A abordagem de encaminhamento epidémico da replicação de mensagens é dispendiosa e parece não se adaptar bem ao aumento da carga. Foi concebida uma métrica que estima o tempo que uma mensagem terá de esperar antes de poder ser transferida para o próximo salto [37]. Em [37], a topologia é distribuída usando o protocolo de roteamento link-state e os pacotes link-state são "inundados" usando roteamento epidémico. O roteamento link-state foi implementado aqui porque fornece a topologia completa em cada nó. Em [38] é apresentada uma estrutura para avaliar os algoritmos de encaminhamento DTN. Os algoritmos que funcionam bem nestes ambientes são mencionados em [38]. O termo por contacto mostra claramente uma situação vantajosa para a DTN, ao passo que o encaminhamento por fonte e por ponto de passagem deixa cair a mensagem. As tabelas de encaminhamento são recalculadas sempre que é estabelecida uma ligação [37].

Wenrui Zhao, Mostafa Ammar e Ellen Zegura [36] no ano de 2005 O problema do multicasting foi estudado pela primeira vez em [36], tanto quanto sabemos. Este problema suporta a distribuição de dados a um grupo de utilizadores, um serviço necessário para muitas aplicações DTN [36]. O multicasting em DTN é um problema consideravelmente diferente e desafiante [36]. Em [36] são desenvolvidos vários algoritmos de encaminhamento multicast com diferentes estratégias de encaminhamento. O multicast é uma tarefa difícil na DTN porque não existe um caminho de extremo a extremo entre alguns ou todos os nós. A rede DTN tem uma variedade de aplicações em situações que incluem i) ambientes de crise, como resposta a emergências e campos de batalha militares, comunicação no espaço profundo, comunicação veicular e acesso não interativo à Internet em zonas rurais [36]. O multicast na Internet e na Manet foi amplamente estudado no passado [36]. Foram desenvolvidos três modelos semânticos de multicast, que permitem aos utilizadores especificar implicitamente as restrições temporais relativas à pertença a um grupo e à entrega de mensagens. Em [36], foram desenvolvidas quatro classes de algoritmos de encaminhamento para DTNs com diferentes estratégias de encaminhamento e foi analisado o modo como o desempenho do encaminhamento é afetado pela disponibilidade de conhecimentos.

Yong Liao, Kun Tan , Zhensheng Zhang, Lixin Gao [33], no ano de 2006, os autores propuseram que o encaminhamento em redes tolerantes ao atraso é um desafio porque muitos dos pressupostos bem conhecidos das redes tradicionais não se aplicam às DTN. Foram propostos vários esquemas de encaminhamento que exploram a redundância para melhorar a entrega de mensagens. No entanto, não existe um trabalho analítico sistemático sobre a modelação dos esquemas de encaminhamento baseados na redundância para redes tolerantes ao atraso. Os autores modelam o processo de entrega de mensagens nas DTN como um processo aleatório de Markov em tempo contínuo com estado absorvente. Com este modelo, derivaram as funções de distribuição de probabilidade do atraso na entrega de mensagens para diferentes esquemas de encaminhamento, incluindo o encaminhamento por transmissão direta, o encaminhamento pela fonte e os esquemas de encaminhamento binário. Efectuamos simulações para validar o nosso modelo e os nossos resultados analíticos. Para controlar a sobrecarga dos esquemas de encaminhamento baseados em inundação, os autores de [33] propuseram o envio de um certo número de cópias idênticas de mensagens para um número fixo de nós retransmissores, em vez de as enviar para todos os nós da rede. Quando uma mensagem é gerada por um nó de origem, é atribuída uma "quota" a essa mensagem, que representa o número de cópias idênticas da mensagem que podem ser inseridas na rede.

Yili Gongf, Yongqiang Xiong, Qian Zhang, Zhensheng Zhang, Wenjie Wang, Zhiwei Xu [34], no ano de 2006, propuseram que, para a descoberta de recursos em DTN, o encaminhamento anycast é muito útil. Com base num novo modelo DTN, analisaram primeiro a semântica anycast para DTNs. Uma nova métrica chamada EMDDA foi apresentada em [34]. Com o algoritmo de encaminhamento correspondente para o encaminhamento anycast em DTN. O esquema de encaminhamento EMDDA (Expected MultiDestination Delay for Anycast) melhorou efetivamente a eficiência do encaminhamento anycast nas DTN. O anycast é um serviço que permite a um nó enviar uma mensagem a pelo menos um, e de preferência apenas a um, dos membros de um grupo. A ideia subjacente ao anycast é que um cliente pretende enviar pacotes para qualquer um dos vários servidores possíveis que oferecem um determinado serviço ou aplicação, mas não se interessa por nenhum em particular. O anycast pode ser utilizado para implementar mecanismos de descoberta de recursos que são poderosos blocos de construção para muitos sistemas distribuídos, incluindo a partilha de ficheiros, etc.

Stephen Farrell, Vinny Cahill [35], em 2006, analisaram o trabalho de segurança inspirado na Internet sobre redes tolerantes ao atraso, em particular, na medida em que se pode aplicar a missões espaciais, e identificaram alguns desafios que se colocam, tanto para a comunidade de segurança da Internet como para as missões espaciais. Estes desafios incluem o desenvolvimento de esquemas de gestão de chaves adequados às missões espaciais, bem como uma caraterização dos requisitos de segurança efetivamente aplicáveis. Um objetivo específico deste documento é, por conseguinte, obter feedback dos especialistas em TI das missões espaciais, a fim de orientar o desenvolvimento de mecanismos de segurança para redes tolerantes ao atraso.

A.Balasubramanian, B.N.Levine e A.Venkataramani [19], no ano de 2007, os autores propuseram que existem muitos protocolos de encaminhamento DTN que utilizam uma variedade de mecanismos, incluindo a descoberta das probabilidades de encontro entre nós, a replicação de pacotes e a codificação da rede. O foco principal desses mecanismos é aumentar a probabilidade de encontrar um caminho com informações limitadas, de modo que essas abordagens têm apenas um efeito incidental sobre as métricas de roteamento, como o atraso máximo ou médio de entrega. Mas a ideia proposta pelos autores apresenta um protocolo de encaminhamento rápido, um protocolo de encaminhamento DTN intencional que utiliza várias métricas para otimizar uma métrica de encaminhamento específica, como o pior caso de atraso de entrega ou a fração de pacotes que são entregues dentro de um prazo. De acordo com os autores, os resultados sugerem que o rapid supera significativamente os protocolos de encaminhamento existentes para várias métricas.

Pan Hui, Eiko Yoneki, Shu-Yan Chan e Jon Crowcroft [31] propuseram, em 2007, que se trata de uma intuição razoável, uma vez que é provável que as pessoas de uma mesma comunidade se encontrem regularmente e sejam, por conseguinte, reencaminhadores adequados de mensagens destinadas a outros membros da sua comunidade. Do mesmo modo, na área da sociologia, a ideia de "interação correlacionada" é que um organismo de um determinado tipo tem mais probabilidades de interagir com outro organismo do mesmo tipo do que com um membro da população escolhido ao acaso. A comunidade é um atributo importante das redes comutadas de bolso (PSN), porque os dispositivos móveis são transportados por pessoas que tendem a pertencer a comunidades. Os autores propuseram e avaliaram três novas abordagens de deteção de comunidades distribuídas com grande potencial para detetar comunidades estáticas e temporais. Descobriram que, com uma configuração adequada dos valores de limiar, a deteção de comunidades distribuídas pode aproximar-se dos métodos centralizados correspondentes até 90% de precisão.

Kevin Fall , Michael Demmer [32], no ano de 2007, analisaram o problema do encaminhamento em redes tolerantes ao atraso implantadas em regiões em desenvolvimento. Embora estes ambientes apresentem conetividade intermitente (daí o desejo de utilizar DTN), em muitos casos a topologia tem uma estabilidade subjacente que pode ser explorada na conceção de protocolos de encaminhamento. Ao fazer pequenas, mas críticas, modificações no roteamento clássico de estado de link, obtemos um algoritmo mais eficaz capaz de aproveitar as previsões de tempos de atividade de link futuros [32]. Os autores descreveram um protocolo completo e totalmente implementado, capaz de ser utilizado na implementação de referência da DTN sem modificações. Utilizando uma simulação em [32] que incorpora características de redes do mundo real, os autores demonstraram que o seu sistema funciona eficazmente quando o encaminhamento e o encaminhamento convencionais podem falhar.

Mirco Musolesi ,Cecilia Mascolo [27] no ano de 2008 Para sistemas de rede multirregionais tolerantes ao atraso, podem ser imaginados muitos cenários de aplicação. Por exemplo, consideremos o exemplo clássico de utilizadores que pretendem enviar correio eletrónico de um dispositivo móvel ou de um computador portátil (não ligado a qualquer ponto de acesso à Internet) para um utilizador na Internet [27]. As mensagens devem ser encaminhadas, em primeiro lugar, para gateways Internet e, em seguida, encaminhadas da forma habitual através da Internet. Por outras palavras, o processo de encaminhamento consiste em encontrar uma porta de inter-região que ligue as duas regiões. Quase todo o trabalho existente sobre encaminhamento em redes tolerantes a atrasos centrou-se no problema da entrega de mensagens numa única região, caracterizada pela mesma infraestrutura de rede e espaço de nomes. Os autores apresentaram uma proposta de encaminhamento inter-regiões baseada em mecanismos de encaminhamento probabilísticos e determinísticos, integrados numa estrutura arquitetónica capaz de os suportar. Os esquemas de encaminhamento multi-regiões podem também ser considerados de importância fundamental para a conceção de sistemas de apoio a iniciativas no domínio dos cuidados de saúde. Nos últimos anos, foram apresentados muitos sistemas baseados em telemóveis para intervenções de cuidados de saúde à distância [27]. Os autores introduziram também um modelo do problema e decompuseram-no em encaminhamento intra-região (ou seja, encaminhamento dentro de uma região) e encaminhamento inter-região (ou seja, encaminhamento entre regiões). Em seguida, descreveram como usar probabilidades de entrega para implementar o processo de encaminhamento dentro de uma região e também discutiram o sistema de nomes no NOMAD [27].

O artigo de **Jon Crowcroft, Eiko Yoneki, Pan Hui e Tristan Henderson [28]**, do ano de 2008, tentou responder a algumas das queixas sobre DTN. Os autores apresentam sugestões de expectativas para aplicações e métricas de desempenho, que sugerem uma visão mais tolerante da pesquisa na área de Redes Tolerantes a Interrupções. Como já foi referido, houve um grande desfasamento entre o desenvolvimento da arquitetura da Internet e as primeiras aplicações convincentes. Isto não significa, porém, que devamos ou possamos ignorar as aplicações em [28] que podem beneficiar de uma arquitetura DTN. Eles não puderam afirmar que previram as aplicações mais importantes para as DTNs, mas sim que descreveram alguns dos aspectos das DTNs que podem permitir novas aplicações. A capacidade das DTN será sempre muito superior à de uma rede de infraestrutura [29]. Este artigo tentou demonstrar que as DTN têm potencial para permitir novas aplicações interessantes que não podem ser servidas pela Internet atual.

Thomas Jonson, Jonah Pezeshki, Victor Chao, Kristofer Smith, James Fazio Booz Allen Hamilton Herndon, VA [30] propuseram, em 2008, que a atual rede aérea é composta por múltiplas plataformas que comunicam através de numerosas ligações de dados e protocolos. Entretanto, as plataformas Objective Gateway (OG), como o Battlefield Airborne Communications Node (BACN) e o Rapid Attack Information Dissemination Execution Relay (RAIDER), podem fornecer soluções provisórias de interoperabilidade no ambiente das AN através de serviços de tradução de formas de onda e de meios de comunicação, mas a sua implantação generalizada ainda não foi determinada [30]. medida que as redes aéreas (RA) evoluem e se tornam cada vez mais centradas nas redes, é fundamental que se considere a possibilidade de alargar adequadamente os serviços de rede baseados no Protocolo Internet (IP) aos meios tácticos. Os autores afirmam que se trata de um esforço para resolver os actuais problemas de interoperabilidade através da utilização de um protocolo normalizado e proporcionar conetividade IP entre todas as plataformas da rede aérea. [30] aborda os desafios específicos do estabelecimento e manutenção de comunicações fiáveis num ambiente de AN baseado no IP. Além disso, [30] apresenta uma panorâmica da DTN e especifica o modo como esta tecnologia pode ser integrada na infraestrutura da AN para resolver os actuais problemas que afectam o desempenho da AN.

Wei Gao, Qinghua Li, Bo Zhao e Guohong Cao [26], no ano de 2009, estudaram o multicast em DTNs com itens de dados únicos e múltiplos, investigaram a diferença essencial entre multicast e unicast em DTNs e formularam a seleção de retransmissores para multicast como um problema de mochila unificado, explorando a centralidade dos nós e as estruturas da comunidade social. Simulações extensivas mostram que a nossa abordagem tem uma taxa de entrega e um atraso semelhantes aos do encaminhamento epidémico, mas pode reduzir significativamente o custo do encaminhamento de dados medido pelo número de retransmissores utilizados [26]. Os autores concentraram-se em melhorar a relação custo-eficácia do multicast em DTNs, explorando os dois conceitos-chave da análise de redes sociais, ou seja, centralidade e comunidades. A ideia básica da sua abordagem é desenvolver métricas de base social baseadas nas probabilidades de os nós encaminharem dados para os seus destinos. As métricas em [26] foram desenvolvidas com base em conceitos de redes sociais, incluindo centralidade e comunidades sociais. Investigaram a diferença essencial entre multicast e unicast em DTNs e desenvolveram esquemas de seleção de retransmissores tendo em conta as probabilidades de encaminhamento para múltiplos destinos em simultâneo.

Qinghua Li, Sencun Zhu, Guohong Cao [2] propuseram, em 2010, um esquema de encaminhamento em DTN diferente dos esquemas baseados em incentivos existentes. Estes novos esquemas estimulam os nós individualmente egoístas a encaminhar para todos os outros nós, seguindo uma nova filosofia de "design para o utilizador"[2]. Tomaram o egoísmo social como uma exigência do utilizador e permitiram que os nós socialmente egoístas se comportassem das formas acima referidas para satisfazer essa exigência. Há nós egoístas que estão normalmente dispostos a encaminhar pacotes para outros nós com os quais têm laços sociais, mas não para outros, e propuseram um algoritmo de encaminhamento consciente do egoísmo social (SSAR) para manter o desempenho do encaminhamento e manter o egoísmo social. O algoritmo SSAR considera dois pontos: a vontade de encaminhar e a oportunidade de contacto, o que resulta numa melhor estratégia de encaminhamento do que uma abordagem puramente baseada no contacto. O SSAR permite que os utilizadores mantenham o seu egoísmo e consegue um melhor desempenho de encaminhamento com um baixo custo de transmissão [2].

Zijian Wang, Eyuphan Bulut e Boleslaw K. Szymanski [25] propuseram, em 2010, um novo protocolo de descoberta de serviços para redes tolerantes ao atraso, em que todas as ligações entre nós são intermitentes. A maioria dos protocolos propostos anteriormente baseia-se no pressuposto de que existe uma ligação de extremo a extremo entre o nó de origem da consulta e o nó de destino, pressuposto que raramente se verifica nas redes móveis sem fios. A conceção de protocolos de descoberta de serviços é particularmente difícil para as redes móveis sem fios devido à sua natureza dinâmica e não estruturada. Para descrever os serviços através de uma cadeia de tamanho fixo, utilizaram um filtro Bloom que conduz a um anúncio e a uma pesquisa de serviços eficientes. O protocolo de descoberta de serviços é um método sem diretório, que utiliza a difusão periódica para anunciar os serviços [25]. Para reduzir o tamanho dos pacotes de anúncio de serviços e a utilização de memória, é utilizado um filtro Bloom para representar os serviços com uma cadeia de tamanho fixo. Os pacotes de consulta de serviços são pulverizados na rede e retransmitidos para os nós vizinhos que se encontram com o nó de destino, fornecendo o serviço desejado recentemente. Utilizaram uma técnica baseada em filtros de Bloom [20] [21] para descrever serviços. O algoritmo de encaminhamento "spray and wait" [5] e o método de pesquisa baseado em caminhadas aleatórias [22] são combinados para encaminhar pacotes de consulta de serviços e pacotes de dados de serviços em [14] [15], o histórico dos últimos encontros entre nós é usado como dicas para auxiliar o encaminhamento de pacotes, mas nós usamos esta informação de uma forma diferente.

Elwyn Davies [4], no ano de 2011, Delay- and Disruption-Tolerant Networking (DTN) tem sido um tema de investigação há mais de 10 anos, desde que Vinton Cerf e a NASA começaram a trabalhar em meios para expandir a conetividade semelhante à da Internet a situações como as comunicações com naves espaciais em missões no espaço profundo. A arquitetura DTN e o conjunto de protocolos Bundle, que foram desenvolvidos para permitir a comunicação em ambientes difíceis, tanto no espaço como em situações terrestres, atingiram agora um nível de desenvolvimento e ensaio que permite a sua utilização para apoiar os utilizadores em situações do mundo real. Elwyn Davies descreve alguns dos trabalhos efectuados para demonstrar aplicações reais da DTN e o modo como a DTN pode ser utilizada para apoiar uma futura Internet em que os elementos de informação se tornam "cidadãos de primeira classe", permitindo a criação de redes centradas na informação (ICN). [4]

Resumo do capítulo

A pesquisa é muito maior do que a incluída neste trabalho, mas na linha de desenvolver bons resultados, achei estes artigos bons para serem considerados. Muitos investigadores têm trabalhado na análise do desempenho das redes tolerantes ao atraso, mas ainda há margem para melhorias em certos casos em que utilizamos uma abordagem diferente, utilizando outro conjunto de regras.

Esboço do próximo capítulo

O capítulo seguinte, denominado "Formulação do problema", apresenta o que me levou a optar por esta conceção. Determina qual o problema existente no sistema atual que me incentivou a avançar para o meu trabalho de dissertação.

CAPÍTULO 3

FORMULAÇÃO DE PROBLEMAS

3.1 Formulação do problema

Na DTN, os protocolos da Internet atual podem funcionar mal, devido aos longos atrasos nos caminhos e às frequentes partições da rede. O atual modelo de serviço da Internet baseado no TCP/IP permite a comunicação inter-processos extremo-a-extremo, utilizando uma concatenação de tecnologias da camada de ligação potencialmente diferentes [17]. A normalização do protocolo IP e o seu mapeamento em quadros de dados da camada de ligação específicos da rede em cada encaminhador permite a interoperabilidade utilizando um modelo de serviço de comutação de pacotes. Embora muitas vezes não seja explicitamente indicado, são feitas algumas suposições fundamentais em relação às características gerais de desempenho das ligações subjacentes para se conseguir este serviço: existe um caminho de extremo a extremo entre uma fonte de dados e o(s) seu(s) par(es), o tempo máximo de ida e volta entre quaisquer pares de nós na rede não é excessivo e a probabilidade de queda de pacotes de extremo a extremo é pequena. Infelizmente, uma classe de redes desafiadoras, que podem violar um ou mais dos pressupostos, está a tornar-se importante e pode não ser bem servida pelo atual modelo TCP/IP de extremo a extremo. As redes tolerantes ao atraso são ambientes de rede oportunistas que podem variar significativamente em função da replicação dos pacotes nos nós, da forma como os nós móveis se deslocam, da densidade da população de nós e da distância entre o emissor e o recetor. As simulações desempenham um papel importante na análise do comportamento do protocolo de aplicação e encaminhamento DTN. A latência de entrega pode variar de alguns minutos a horas ou dias, e uma fração significativa das mensagens pode não ser entregue de todo. Os principais factores são os algoritmos de encaminhamento e encaminhamento utilizados e a forma como os seus pressupostos de conceção correspondem aos padrões de mobilidade reais. Até à data, ainda não foi encontrado um esquema de encaminhamento ideal. As simulações desempenham um papel importante na análise do comportamento dos protocolos de encaminhamento e de aplicação da DTN. Com nós tipicamente distribuídos de forma esparsa, as simulações da DTN abstraem dos pormenores das características da ligação sem fios e assumem simplesmente que dois nós podem comunicar quando estão ao alcance um do outro. As redes tolerantes a atrasos e perturbações (DTN) caracterizam-se pela sua falta de conetividade, o que resulta na ausência de caminhos instantâneos de extremo a extremo. Nesses ambientes desafiadores, protocolos populares de roteamento ad hoc, como o AODV e o DSR, não conseguem estabelecer rotas. Isto deve-se ao facto de estes protocolos tentarem primeiro estabelecer uma rota completa e depois, após o estabelecimento da rota, reencaminharem os dados propriamente ditos. Em [38], foi formulado um problema de encaminhamento em que as mensagens devem ser deslocadas de ponta a ponta através de um grafo de conetividade variável no tempo, mas cuja dinâmica pode ser conhecida antecipadamente. O problema tem as restrições adicionais de buffers finitos em cada nó e a propriedade geral de que pode nunca existir um caminho atual de extremo a extremo. Esta situação limita a aplicabilidade das abordagens de encaminhamento tradicionais, que acabam por tratar as interrupções como falhas e procuram encontrar um caminho de extremo a extremo existente. Verificaram também que, com um conhecimento adicional limitado, muito menos do que um conhecimento global completo, podem ser construídos algoritmos eficientes para o encaminhamento em tais ambientes. O encaminhamento em DTN parece ser um problema rico e difícil. Requer técnicas para selecionar caminhos, programar transmissões, estimar o desempenho da entrega e gerir buffers. O problema da ligação em rede em redes frequentemente desligadas está a receber mais atenção à medida que aumenta o desejo de ter conetividade de dados em dispositivos que podem ser móveis ou em regiões que só podem ser alcançadas por dispositivos de rede não convencionais (por exemplo, motociclos). Acreditamos que, em muitos cenários de desconexão frequente, as oportunidades de comunicação podem ser previsíveis [38]. Foram concebidas algumas métricas que estimam o tempo que uma mensagem terá de esperar antes de poder ser transferida para o salto seguinte. A topologia é distribuída utilizando um protocolo de encaminhamento link-state, em que os pacotes link-state são "inundados" utilizando o encaminhamento epidémico [37]. O roteamento é recomputado quando as conexões são estabelecidas. As mensagens são trocadas se a topologia sugerir que um nó ligado está "mais próximo" do que o nó atual. As vantagens das redes DTN aumentarão se puderem ser escaladas para servir áreas maiores. Para atingir este objetivo, são necessários protocolos de encaminhamento para automatizar a configuração da rede. De acordo com o trabalho realizado anteriormente em [37], o encaminhamento deve ser auto-configurável. Isto é fundamental para equipamentos que podem ser instalados longe de especialistas em redes e para manter a conetividade em caso de falha. O protocolo deve apresentar um desempenho aceitável numa grande variedade de padrões de conetividade. Finalmente, deve utilizar eficientemente os recursos de buffer e de rede, sendo escalável com o número de mensagens entregues. São desenvolvidos novos modelos semânticos de multicast para ambientes DTN que têm restrições explícitas sobre a pertença a um grupo e a ação de entrega [36]. Vahdat e Becker propõem, em primeiro lugar, a exploração da mobilidade dos dispositivos para facilitar o encaminhamento de dados [1]. Mostram que, com capacidade de armazenamento e tempo ilimitados dos nós, o algoritmo de inundação garante a entrega das mensagens. Tan et al em [40] apresentam uma estrutura de encaminhamento designada SEPR em redes parcialmente ligadas. Ao orientar o fluxo de mensagens para os nós do caminho mais curto esperado, a sua abordagem reduz as cópias desnecessárias de mensagens e aumenta a taxa de entrega de mensagens. Zhao et al em [41] exploram a não aleatoriedade do movimento pró-ativo de um nó para entregar mensagens, a fim de melhorar o desempenho da entrega de dados numa rede desconectada. O Delay Tolerant Link State

Routing (DTLSR) segue o modelo dos algoritmos clássicos de estado de ligação. À medida que o estado da rede se altera, os anúncios de estado de ligação são difundidos por toda a rede. Cada nó mantém um grafo que representa a sua visão atual do estado da rede e utiliza um cálculo do caminho mais curto (por exemplo, Dijkstra) para encontrar rotas para as mensagens. Os esquemas ingénuos tradicionais de inundação de múltiplas cópias e múltiplos saltos demonstraram empiricamente funcionar bem em ambientes densos, como conferências académicas, e têm um desempenho razoável em ambientes esparsos, como as comunicações em toda a cidade, em termos de taxa de entrega e atraso [42]. Os autores consideraram um problema de controlo multicritério que surge numa rede tolerante ao atraso com dois controladores adversários: a fonte e o bloqueador. O objetivo da fonte era escolher as probabilidades de transmissão de modo a maximizar a probabilidade de entrega bem sucedida de um determinado conteúdo ao destino num dado intervalo de tempo, e o objetivo do bloqueador era causar colisões. Considerámos dois tipos de estruturas de informação: o circuito fechado e o circuito aberto [43]. Existem desafios específicos no estabelecimento e manutenção de comunicações fiáveis, apesar da presença de ligações intermitentes num ambiente de AN baseado em IP. A arquitetura Delay Tolerant Network (DTN), defendida pelo Delay-Tolerant Networking Research Group (DTNRG) da Internet Research Task Force (IRTF), pela National Aeronautics and Space Administration (NASA) e pela Defense Advanced Research Projects Agency (DARPA), foi desenvolvida para responder às necessidades das redes caracterizadas pela intermitência, pela falta de conetividade de extremo a extremo entre utilizadores finais e pela elevada latência. O encaminhamento de armazenamento e encaminhamento é apresentado como uma solução principal na arquitetura DTN. Embora originalmente desenvolvidas para redes no espaço profundo e comunicações interplanetárias, as DTN podem também ser utilizadas em redes de sensores, redes terrestres sem fios, redes de satélites, redes acústicas submarinas e redes aéreas [44]. Através da formulação deste tipo de problemas relacionados com as DTN, analisámos e chegámos a uma conclusão sobre os resultados simulados para o atraso de entrega estimado e a distribuição do atraso.

Resumo do capítulo

O presente capítulo determina o sistema existente para assegurar o desempenho das redes tolerantes ao atraso.

Esboço do próximo capítulo

O capítulo seguinte apresenta as finalidades e os objectivos do sistema a propor.

CAPÍTULO 4

OBJECTIVOS E METAS

4.1 Os nossos objectivos:

1. Descobrir a distribuição do atraso entre os nós quando são distribuídos aleatoriamente vários números de replicações de pacotes em cada nó.

2. Determinar o atraso de entrega estimado quando as distribuições dos tempos de reunião são exponencialmente distribuídas.

3. Determinar o atraso de entrega estimado quando as distribuições do tempo de reunião são normalmente distribuídas.

4.2 Metodologia proposta

A linguagem de programação C foi originalmente desenvolvida por Dennis Ritchie, dos Laboratórios Bell, e foi concebida para ser executada num PDP-11 com um sistema operativo UNIX. Apesar de ter sido originalmente concebida para ser executada no UNIX, houve um grande interesse em executá-la no IBM PC e compatíveis, e noutros sistemas. O C é excelente para escrever programas ao nível do sistema, e todo o sistema operativo do applix 1616 está escrito em C (exceto algumas rotinas de assembler). É uma linguagem excelente para este ambiente devido à

1. Simplicidade de expressão

2. A compactação do código

3. E a vasta gama de aplicabilidade

4. Parece não haver limites para a flexibilidade disponível

5. A programação é fácil

O C é uma linguagem de nível intermédio porque se situa entre a linguagem de alto nível e a linguagem de baixo nível. Os programas escritos em C são eficientes e rápidos. É utilizada na programação estruturada. A linguagem C também apresenta as seguintes características mais específicas

1. Existe um número pequeno e fixo de palavras-chave, incluindo um conjunto completo de primitivas de fluxo de controlo: for, if, while, switch e do..while. Existe basicamente um espaço de nomes, e os nomes definidos pelo utilizador não se distinguem das palavras-chave por qualquer tipo de sinal.

2. Existe um grande número de operadores aritméticos e lógicos, tais como +, +=, ++, &, ~, etc.

3. Pode ser executada mais do que uma atribuição numa única instrução.

4. Os valores de retorno das funções podem ser ignorados quando não são necessários.

5. A tipagem é estática, mas fracamente imposta: todos os dados têm um tipo, mas podem ser efectuadas conversões implícitas; por exemplo, os caracteres podem ser utilizados como números inteiros.

6. A sintaxe da declaração imita o contexto de utilização. C não tem a palavra-chave "define"; em vez disso, uma declaração que começa com o nome de um tipo é considerada uma declaração. Não existe a palavra-chave "function"; em vez disso, uma função é indicada pelos parênteses de uma lista de argumentos.

7. São possíveis tipos definidos pelo utilizador (tipo def) e tipos compostos.

8. Os tipos de dados agregados heterogéneos (struct) permitem que elementos de dados relacionados sejam acedidos, por exemplo atribuídos, como uma unidade.

9. A indexação de matrizes é uma noção secundária, definida em termos de aritmética de ponteiros. Ao contrário dos structs, as matrizes não são objectos de primeira classe; não podem ser atribuídas ou comparadas utilizando operadores incorporados simples. Não existe a palavra-chave "array", em uso ou definição; em vez disso, parênteses rectos indicam arrays sintaticamente.

10. Os tipos enumerados são possíveis com a palavra-chave enum. Não são etiquetados e são livremente inter-convertíveis com inteiros.

11. As cadeias de caracteres não são um tipo de dados separado, mas são convencionalmente implementadas como matrizes de caracteres com terminação nula.

12. O acesso de baixo nível à memória do computador é possível através da conversão de endereços de máquina em ponteiros digitados.

13. Os procedimentos (sub-rotinas que não devolvem valores) são um caso especial de função, com um retorno fictício do tipo void.

14. As funções não podem ser definidas no âmbito lexical de outras funções.

15. Os apontadores de funções e de dados permitem um polimorfismo ad hoc em tempo de execução.

16. Um pré-processador efectua a definição de macros, a inclusão de ficheiros de código-fonte e a compilação condicional.

17. Existe uma forma básica de modularidade: os ficheiros podem ser compilados separadamente e ligados entre si, com controlo sobre as funções e os objectos de dados que são visíveis para outros ficheiros através de atributos estáticos e externos.

18. Funcionalidades complexas, como E/S, manipulação de cadeias de caracteres e funções

matemáticas, são consistentemente delegadas a rotinas de biblioteca.

O C não inclui algumas características encontradas em linguagens de alto nível mais recentes e modernas, incluindo:

1. Orientação para objectos

2. Recolha de lixo

Um programador experiente de C afirmou: "Pode programar qualquer coisa em C", e a afirmação é bem apoiada pela minha própria experiência com a linguagem. Aproximadamente 75 por cento de todos os novos programas comerciais introduzidos para o IBM PC foram escritos em C, e a percentagem está provavelmente a aumentar. O software do sistema Apple Macintosh era anteriormente escrito em Pascal, mas agora é quase sempre escrito em C. Todo o sistema operativo Applix 1616 é escrito em C, com algumas rotinas de assembler.

1. Os esquemas propostos serão implementados através da simulação do comportamento da rede tolerante ao atraso com a ajuda da linguagem C.

2. Foram concebidos vários algoritmos para obter os resultados relativos à distribuição do atraso em redes tolerantes ao atraso e à estimativa do atraso de entrega, que foram implementados em linguagem C.

3. Obtivemos os resultados com a ajuda de várias execuções de simulação para diferentes valores de tempo e para diferentes valores de réplicas nos nós.

4.2.1 Simulação

A simulação é a reprodução do funcionamento de um processo ou sistema do mundo real ao longo do tempo. As etapas da simulação exigem que, em primeiro lugar, seja desenvolvido um modelo; este modelo representa as principais características ou comportamentos do sistema ou processo físico ou abstrato selecionado. O modelo representa o próprio sistema, enquanto a simulação representa o funcionamento do sistema ao longo do tempo. A simulação é também utilizada na modelação científica de sistemas naturais ou sistemas humanos para obter informações sobre o seu funcionamento.

As questões-chave na simulação incluem a aquisição de informações válidas sobre a seleção relevante de características e comportamentos-chave, a utilização de aproximações e pressupostos simplificadores na simulação e a fidelidade e validade dos resultados da simulação.

Uma simulação informática (sim) é uma tentativa de modelar uma situação real ou hipotética num computador, de modo a poder ser estudada para ver como o sistema funciona. Ao alterar as variáveis na simulação, podem ser feitas previsões sobre o comportamento do sistema. É uma ferramenta para examinar de forma prática o comportamento do sistema em estudo. A simulação computacional tornou-se uma parte útil da modelação de muitos sistemas naturais em física, química e biologia, e de sistemas humanos em economia e ciências sociais (a sociologia computacional), bem como em engenharia, para obter informações sobre o funcionamento desses sistemas.

a) . Simulações contínuas

Nas simulações contínuas, o funcionamento do sistema baseia-se num conjunto de equações diferenciais. Os parâmetros de um sistema mudam de forma contínua, alterando assim o estado de todo o sistema. O sistema dinâmico contínuo é geralmente representado por equações diferenciais.

b) . Simulação de eventos discretos

Na simulação de eventos discretos (DES), o funcionamento do sistema é representado como uma sequência de eventos. Cada evento ocorre num instante no tempo e marca uma mudança de estado no sistema

c) . Geradores de números aleatórios

A simulação precisa de gerar variáveis aleatórias de vários tipos, dependendo do modelo do sistema. Isso é realizado por um ou mais geradores de números pseudo-aleatórios. A utilização de números pseudo-aleatórios em vez de números aleatórios verdadeiros é uma vantagem no caso de uma simulação precisar de ser repetida exatamente com o mesmo comportamento

d) . Sistema estocástico Sistemas dinâmicos discretos classificados como determinísticos ou estocásticos. Um processo estocástico ou, por vezes, um processo aleatório é um conjunto de variáveis aleatórias utilizado para representar a evolução de um valor aleatório, ou sistema, ao longo do tempo. Num processo estocástico ou aleatório existe alguma indeterminação: mesmo que a condição inicial (ou ponto de partida) seja conhecida, existem várias direcções em que o processo pode evoluir. Neste sistema, pelo menos uma das variáveis é dada por uma função de distribuição de probabilidade em que os números são amostrados a partir de uma distribuição aleatória uniforme entre alguns intervalos especificados. As variáveis aleatórias correspondentes a vários momentos podem ser completamente diferentes. O principal requisito é que estas diferentes quantidades aleatórias tenham todas o mesmo tipo

e) . Distribuição exponencial:

Na teoria das probabilidades e na estatística, a distribuição exponencial, também conhecida como distribuição exponencial negativa, é uma família de distribuições de probabilidade contínuas. Descreve o tempo entre acontecimentos num processo de Poisson, ou seja, um processo em que os acontecimentos ocorrem continuamente e de forma independente a uma taxa média constante. Inclui também a distribuição normal, a distribuição binomial, a distribuição gama, a distribuição de Poisson e muitas outras.

f) . Estimativa do tempo utilizando a distribuição exponencial negativa:

Uma vez que a estimativa do tempo é estocástica por natureza. Assume-se que cada processo é mutuamente independente e que cada um destes tempos segue uma distribuição exponencial negativa. O valor médio ou esperado de t é dado por

$$\mathbf{Avg = 1/\lambda = \int t\ \lambda.e^{-\lambda t}}$$

A fim de realizar uma experiência de simulação num sistema estocástico regido por uma função de distribuição exponencial em que n amostras t_1, t_2, ..., t_n são geradas pela transformação de n números aleatórios uniformes u_1, u_2, ..., u_n no intervalo $(0,1)$:

$$t = -\log_e(1-u_k)/\ \lambda$$

Uma vez que $(1-u_k)$ é um número aleatório uniformemente distribuído entre 0 e 1, tal como u_k, podemos substituir $(1-u_k)$ por u_k, ou seja

$$\mathbf{t_k = -1/\ \lambda[\log_e(u_k)]}$$

Geramos os valores de u_k entre $(0,1)$. Depois de os valores entre 0 e 1 serem gerados utilizando o algoritmo, obtemos os valores de entrada para o nosso processo seguinte, no qual iremos determinar as amostras de tempo para processos estocásticos utilizando a função de distribuição exponencial. Existem alguns passos para a geração das amostras. Se precisarmos de várias amostras com o valor esperado de λ (no nosso caso, é o número médio de pacotes transferidos por unidade de tempo). Aqui encontramos as amostras para u_k e depois tomamos os seus logaritmos naturais, o que nos resulta nas amostras logarítmicas naturais e, depois de multiplicar estas amostras por $1/\ \lambda$, obtemos as entradas desejadas. Ao obter estas amostras de tempo, obtivemos as entradas de amostra para o atraso de entrega estimado, fornecemos estes valores e descobrimos os resultados para o atraso de entrega estimado. Utilizámos distribuições exponenciais porque

1. É utilizado para modelar o tempo para que um processo ocorra a uma taxa média constante.

2. Pode ser utilizado quando temos de medir o tempo entre acontecimentos, o que se designa por tempos de inter-chegada.

3. Se os eventos tiverem a mesma probabilidade de ocorrer em qualquer altura, a distribuição dos tempos de inter-chegada assemelha-se a uma distribuição exponencial.

4. A forma depende de um único parâmetro $\lambda > 0$, $1/\lambda =$ média de chegada de pacotes por unidade

de tempo.

E depois das distribuições exponenciais, utilizámos as distribuições normais para obter os resultados porque

1. Faz menos suposições do que outras distribuições.

2. É a distribuição de probabilidade mais conhecida e mais frequentemente encontrada.

3. Desempenha um papel central, uma vez que muitos testes estatísticos assumem que um resultado tem uma distribuição normal.

4. A forma tem um único pico e é simétrica em relação a p.

5. A dispersão é descrita por sigma.

6. É frequentemente uma boa aproximação a uma distribuição discreta.

Resumo do capítulo

O presente capítulo determina as metas e os objectivos para melhorar e garantir o desempenho e a fiabilidade de todos os tipos de nós propostos como um sistema ideal.

Esboço do próximo capítulo

O capítulo seguinte apresenta a análise dos resultados do sistema a propor.

ANÁLISE DE RESULTADOS

Implementação do atraso estimado para um cenário em que o tempo entre encontros entre nós é distribuído exponencialmente. Além disso, suponha que todos os nós se encontram de acordo com uma distribuição exponencial uniforme com tempo médio $1/\lambda$. Na ausência de restrições de largura de banda, o atraso de entrega esperado quando há k réplicas é o tempo médio de encontro dividido por k, ou seja, $P(a(i) < t) = 1 - e^{-k\lambda t}$ e $A(i) = 1/k\lambda$ [19] . No entanto, quando as oportunidades de transferência são limitadas, o atraso esperado depende da posição do pacote nos buffers dos nós. No Passo 2 da Estimativa do Atraso, o tempo para um nó X chegar ao destino é descrito por uma distribuição normal com o tempo médio de encontro dividido por k. Se o pacote i for replicado em k nós, o Passo 3 calcula a distribuição do atraso [19]. O tempo de inter-chegada do contacto é distribuído exponencialmente. Consideramos um ambiente em que não há falhas nos nós. Todos os nós têm a mesma velocidade de deslocação e o mesmo alcance de comunicação. A posição inicial dos nós, as réplicas e o tempo são escolhidos aleatoriamente por gerações aleatórias.

O atraso de entrega esperado é o tempo mínimo esperado até que qualquer nó com a réplica do pacote entregue o pacote; assim, um nó precisa de saber que outros nós possuem réplicas do pacote e quando esperam encontrar o destino. Para estimar o atraso esperado, assumimos que o pacote é entregue diretamente ao destino, ignorando o efeito de outras réplicas. Esta estimativa não é trivial, mesmo com uma imagem global exacta do estado do sistema. Para facilitar a exposição, apresentamos primeiro o algoritmo de estimativa de rapid como se tivéssemos conhecimento do estado global do sistema e, em seguida, apresentamos uma implementação prática distribuída. Uma vez que não conhecemos as distribuições do tempo de reunião, assumimos simplesmente que são exponencialmente distribuídas e também que são normalmente distribuídas. Gerámos as entradas para ambas as distribuições do tempo de reunião, o que nos levou aos resultados da estimativa do atraso de entrega. Efectuámos várias execuções de simulação fornecendo os valores reais ao sistema. Os valores reais são gerados utilizando vários algoritmos que foram concebidos para resolver o problema. Gerámos vários inputs e estes inputs são posteriormente alimentados ao simulador que concebemos e obtemos os resultados. Em cada caso, efectuámos várias execuções de simulação. O que nos levou aos seguintes resultados. Gerámos os valores de u_k entre $(0,1)$. Depois de gerarmos os valores entre 0 e 1 utilizando o algoritmo, obtivemos os valores de entrada para o nosso processo seguinte, no qual iremos determinar as amostras de tempo para processos estocásticos utilizando a função de distribuição exponencial. Existem alguns passos para a geração das amostras. Se necessitarmos de várias amostras com o valor esperado de λ (no nosso caso, é o número médio de pacotes transferidos por unidade de tempo), encontramos as amostras para u_k e, em seguida, tomamos os seus logaritmos naturais, o que nos resulta nas amostras logarítmicas naturais e, depois de multiplicar estas amostras por $1/\lambda$, obtemos os dados pretendidos. Ao obter estas amostras de tempo, obtemos as entradas de amostra para o atraso de entrega estimado, fornecemos estes valores e descobrimos os resultados para o atraso de entrega estimado. Para gerar as amostras para a distribuição dos atrasos, são necessárias entradas geradas aleatoriamente, tal como para o atraso estimado, e depois de fornecer estes valores a u_k obtemos novamente as amostras de tempo da função de distribuição exponencial. Se estas amostras de tempo funcionarem como entradas para a distribuição do atraso, obtém-se a distribuição do atraso. Utilizámos distribuições exponenciais porque

1. É utilizado para modelar o tempo necessário para que um processo ocorra a uma taxa média constante.

2. Pode ser utilizado quando temos de medir o tempo entre acontecimentos, o que se designa por tempos de inter-chegada.

3. Se os eventos tiverem a mesma probabilidade de ocorrer em qualquer altura, a distribuição dos tempos de inter-chegada assemelha-se a uma distribuição exponencial.

4. A forma depende do parâmetro único $\lambda > 0$, $1/\lambda =$ média de chegada de pacotes por unidade de tempo.

E depois das distribuições exponenciais, utilizámos as distribuições normais para obter os resultados porque

1. Faz menos suposições do que outras distribuições.

2. É a distribuição de probabilidade mais conhecida e mais frequentemente encontrada.

3. Desempenha um papel central, uma vez que muitos testes estatísticos assumem que um resultado tem uma distribuição normal.

4. A forma tem um único pico e é simétrica em relação a μ.

5. A dispersão é descrita por sigma.

6. É frequentemente uma boa aproximação a uma distribuição discreta.

5.1 Fluxograma para estimativa de atraso na entrega

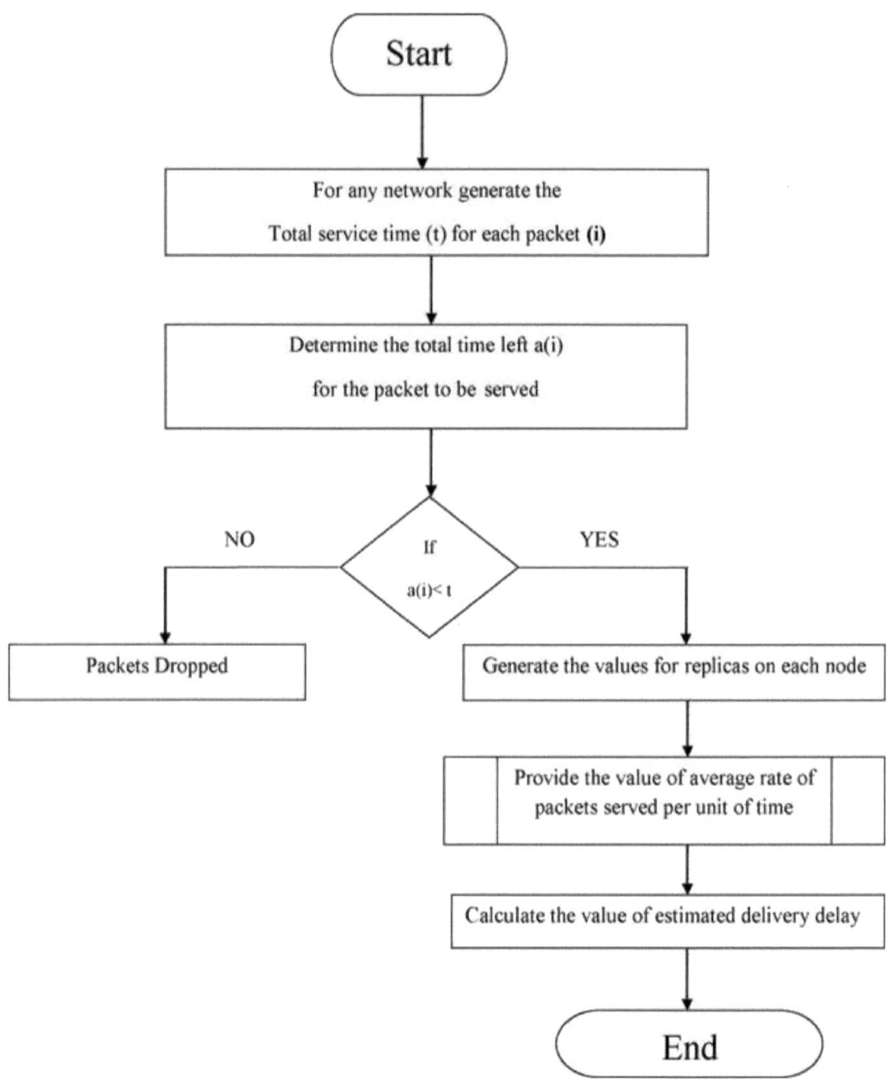

Figura 5.1: Fluxograma do atraso de entrega estimado

5.2 Algoritmo para estimativa do atraso de entrega

1.   Vamos assumir que o tempo total para encaminhar um pacote está a seguir uma distribuição exponencial.

2.   O tempo total restante para encaminhar os pacotes é gerado aleatoriamente.

3.   Se o tempo restante for inferior ao tempo total, os pacotes serão transferidos. Se o tempo restante for superior ao tempo total, os pacotes são eliminados.

4. Assumamos que, para cada pacote i encontrado, o Profeta mantém uma lista de nós que transportam a réplica de i.

5. Suponhamos que todos os nós se encontram de acordo com uma distribuição exponencial uniforme com tempo médio $1/\lambda$.

6. O número médio de pacotes servidos por unidade de tempo é um valor inteiro gerado aleatoriamente.

7. Determinar o atraso de entrega estimado para a DTN utilizando:

$$P(a(i)<t)=1-e^{-(\lambda/n1+\ \lambda/n2+\ldots\ldots+\ \lambda/nk)}$$

O passo [1] do algoritmo descreve que assumimos o tempo total necessário para os pacotes nos nós chegarem aos seus destinos, o tempo para estes nós é assumido como exponencialmente distribuído e gerámos as entradas para o tempo necessário para os nós chegarem ao seu destino. O passo [2] descreve o tempo que falta para o pacote ser transferido e é gerado aleatoriamente. O passo [3] consiste numa condição: se o tempo total de transferência de um pacote for inferior ao tempo que falta para o transferir, o pacote será rejeitado. Passo [4] Neste passo, assumimos que o protocolo de encaminhamento prophet mantém uma lista de nós que têm réplicas do pacote. O prophet (protocolo de encaminhamento probabilístico que utiliza o histórico de encontros e a transitividade) consiste numa métrica que mantém uma lista de todos os nós que têm réplicas do mesmo pacote. Passo [5] Mais uma vez assumimos que todos os nós se encontram de acordo com uma distribuição exponencial uniforme com tempo médio $1/\lambda$. Passo [6] O número médio de pacotes servidos por unidade de tempo é um valor inteiro gerado aleatoriamente, o que significa que pode haver qualquer número de réplicas de mensagens em qualquer nó num determinado momento. Passo [7] Neste passo, calculamos os nossos resultados para os dados fornecidos. Cada nó mantém uma fila separada de pacotes Q destinados a cada nó, ordenados por ordem decrescente de tempo desde a criação - a ordem em que seriam entregues diretamente. Estimate Delay faz uma suposição simplificadora que não se mantém

.

Utilizando as entradas para o simulador, obtivemos os seguintes resultados:

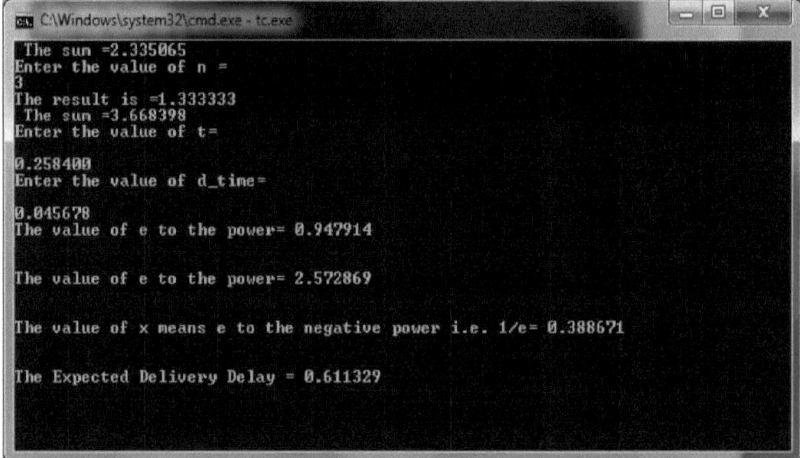

Instantâneo 5.1 Amostra de tempo exponencial

Este ecrã de saída mostra-nos os valores do número médio de processos servidos por unidade de tempo em relação às réplicas nos nós com a sua soma real.

Instantâneo 5.2 Atraso de entrega previsto utilizando amostras de tempo exponencial

O instantâneo 5.2 mostra-nos o tempo total e o tempo disponível para os pacotes serem entregues aos destinos. E, finalmente, obtém os resultados para o atraso estimado.

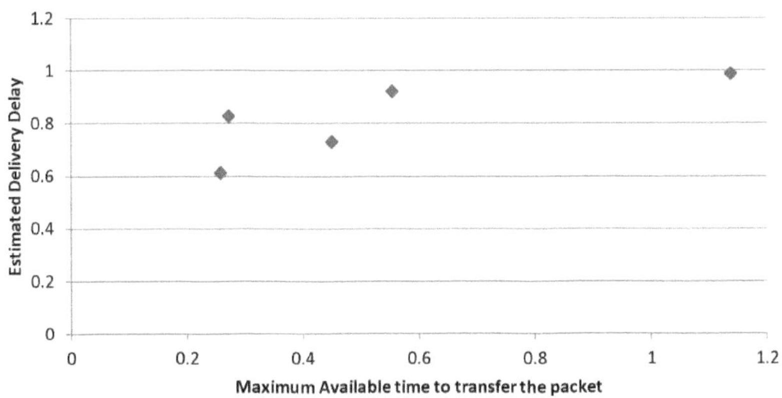

Figura 5.2 : Gráfico da distribuição exponencial do atraso de entrega estimado

Este gráfico representa o atraso de entrega estimado em relação ao tempo máximo disponível para transferir os pacotes. Tomámos um cenário em que 5 nós estão dispostos a enviar as mensagens uns aos outros, tendo em conta que nem todos os nós estão interessados em entregar os pacotes a outros nós. O gráfico mostra os reflexos para os valores de tempo e devido à mudança nas replicações de pacotes em diferentes amostras de tempo de entrada.

Número de série	Tempo máximo disponível	Atraso de entrega estimado
1.	0.258400	0.611329
2.	0.450201	0.727904
3.	0.273291	0.825887
4.	0.554144	0.919771
5.	1.137685	0.985693

Tabela 5.1 : Distribuição exponencial

Como podemos explicar, para um valor de tempo máximo disponível para um pacote ser enviado para o destino de 0,258400, o atraso estimado pelo nosso simulador é de 0,611329, o que se deve ao número de replicações dos pacotes nos nós. A tabela 4.1 apresenta toda a informação para a figura 5.2. O tempo máximo disponível no primeiro caso é de 0,258400 e o valor correspondente para o atraso estimado é de 0,611329, sendo que este atraso estimado não é para um único nó, mas sim para 5 nós. (NOTA: nem todos os nós querem enviar os dados para outro nó, alguns não querem enviar pacotes para cada nó, mas querem enviar para um número menor de nós). Pode surgir aqui a questão de o valor do tempo máximo disponível ser inferior ao valor do atraso, o que está correto, uma vez que o atraso é diretamente proporcional ao tempo máximo disponível para os pacotes serem entregues e o atraso é inversamente proporcional ao número de réplicas dos pacotes em nós diferentes ou no mesmo nó.

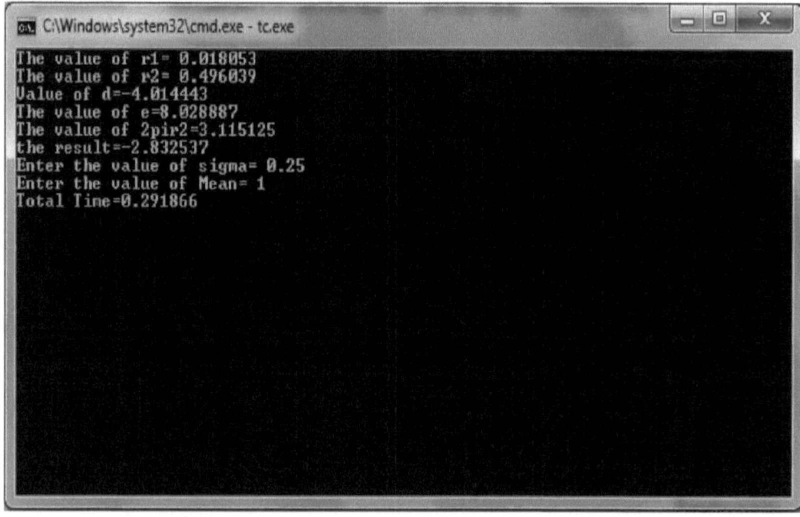

Instantâneo 5.3 : Amostras de tempo com distribuição normal

Depois de obter resultados para a distribuição exponencial, utiliza-se a distribuição normal para obter mais resultados para comparar as entradas geradas para o tempo total de um pacote que deve ser enviado para o destino. Estas entradas para o tempo total são agora geradas com a ajuda da distribuição normal. Após a geração, estes valores são introduzidos no simulador concebido e os resultados são obtidos. Vamos tentar mostrar a geração do tempo utilizando a distribuição normal com a ajuda de um instantâneo.

A distribuição normal fornece-nos estas características, pelo que tentamos utilizá-las para determinar as amostras temporais.

1. Faz menos suposições do que outras distribuições.

2. É a distribuição de probabilidade mais conhecida e mais frequentemente encontrada.

3. Desempenha um papel central, uma vez que muitos testes estatísticos assumem que um resultado tem uma distribuição normal.

4. A forma tem um único pico e é simétrica em relação a μ.

5. A dispersão é descrita por sigma.

6. É frequentemente uma boa aproximação a uma distribuição discreta.

A imagem instantânea mostra-nos os valores de r1 e r2, dois números aleatórios uniformes no intervalo (0, 1), e o resultado é a amostra pretendida da distribuição normal normalizada. Agora, uma amostra desta entrada pode ainda ser encontrada como uma amostra de qualquer distribuição normal com μ e sigma especificados. O tempo total na figura mostra o tempo máximo disponível por distribuição normal.

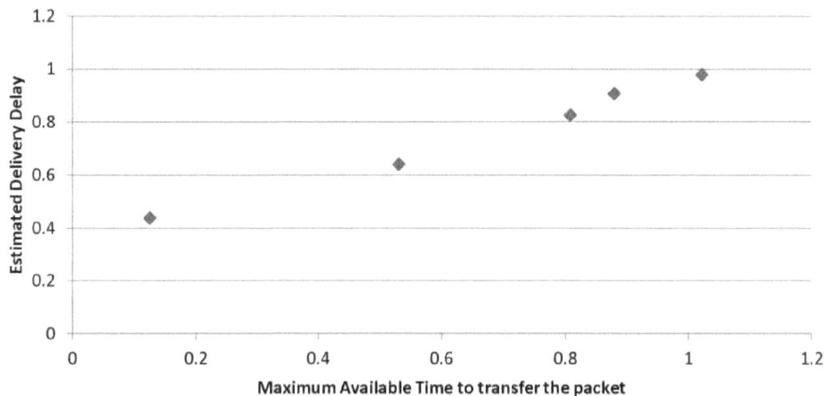

Figura 5.3 : Gráfico da distribuição normal do atraso de entrega estimado

Este cenário gráfico representa o atraso de entrega estimado versus o tempo máximo disponível para transferir os pacotes. Tomámos o mesmo cenário em que 5 nós estão dispostos a enviar as mensagens uns aos outros, tendo em conta que nem todos os nós estão interessados em entregar os pacotes a outros nós. O gráfico mostra os reflexos para os valores de tempo e devido à mudança nas replicações de pacotes em diferentes amostras de tempo de entrada. Como podemos explicar, para um valor de tempo máximo disponível para um pacote ser enviado para o destino de 0,292353, o atraso estimado pelo nosso simulador é de 0,656715, o que se deve ao número de replicações dos pacotes nos nós.

Número de série	Tempo máximo disponível	Atraso de entrega estimado
1.	0.292353	0.656715
2.	0.533302	0.640381
3.	0.603285	0.728084
4.	0.849251	0.898326
5.	1.229028	0.996285

Tabela 5.2 : Distribuição normal

A tabela 4.2 apresenta toda a informação para a figura 4.3. O tempo máximo disponível no primeiro caso é de 0,292353 e o valor correspondente para o atraso estimado é de 0,656715, este atraso estimado não é para um único nó mas sim para 5 nós. (NOTA: nem todos os nós querem enviar os dados para outro nó, alguns não querem enviar pacotes para cada nó, mas querem enviar para um número menor de nós). Pode surgir aqui a questão de o valor do tempo máximo disponível ser inferior ao valor do atraso, o que está correto, uma vez que o atraso é diretamente proporcional ao tempo máximo disponível para os pacotes serem entregues e o atraso é inversamente proporcional ao número de réplicas dos pacotes em nós diferentes ou no mesmo nó. Os resultados para este cenário são mostrados na imagem 5.4. Para obter os resultados, temos de alimentar o simulador com valores de tempo gerados por uma distribuição normal e com o número de réplicas dos pacotes nos vários nós para os quais se pretende que cada nó envie os pacotes. O instantâneo apresentado mostra os valores do número de réplicas em cada nó onde se pretende enviar os pacotes.

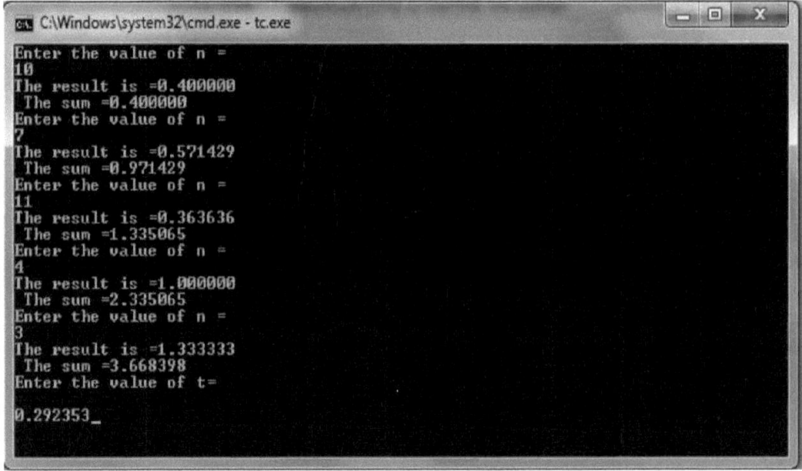

Instantâneo 5.4: Tempo normalmente distribuído alimentado ao simulador

O tempo total para cada nó é normalmente distribuído e a soma do número médio de pacotes servidos por unidade de tempo em relação ao número de replicações em cada nó. O tempo total é alimentado como entrada para o simulador.

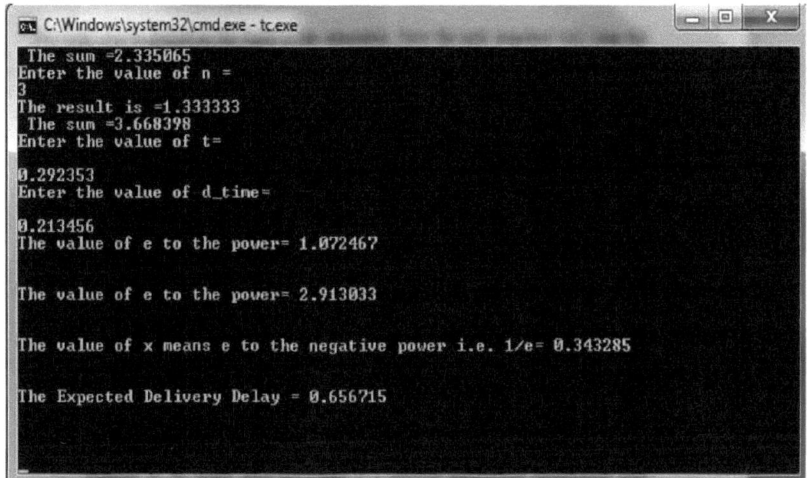

Instantâneo 5.5: Atraso de entrega previsto para amostras de tempo normalmente distribuídas

Agora, o instantâneo 5.5 esclarecerá um pouco mais o conceito desses valores. Depois de alimentar o simulador com estes valores, obtivemos os resultados para o nosso atraso. Os nossos resultados mostram o atraso de entrega estimado no ambiente DTN. O atraso de entrega esperado mostrado no instantâneo 5.5 é o resultado do atraso obtido pelo valor do tempo total gerado pela utilização da distribuição normal.

5.1 Algoritmo para distribuição de atrasos

1. Assumamos que, para cada pacote encontrado (i), o Profeta mantém uma lista de nós que transportam as réplicas de (i).

2. Suponhamos que todos os nós se encontram de acordo com uma distribuição exponencial uniforme com tempo médio $1/\lambda$.

3. O número médio de pacotes servidos por unidade de tempo é um valor inteiro gerado de forma aleatória e independente.

4. Determinar a distribuição de atrasos para redes tolerantes a atrasos utilizando:

$$A(i)=(\lambda/n_1+ \lambda/n_2+\ldots\ldots+ \lambda/n_k)^{-1}$$

O passo [1] do algoritmo pede para assumir que cada pacote encontrado (i) é mantido numa lista pelo protocolo de encaminhamento profeta, esta é uma hipótese que assumimos. O passo [2] descreve que todos os nós no ambiente se encontram de acordo com uma distribuição exponencial uniforme com tempo médio $1/\lambda$ (onde λ no nosso caso representa o número médio de pacotes por unidade de tempo). Passo [3] o número médio de pacotes servidos por unidade de tempo é um valor aleatório. Passo [4]

49

Neste passo, calculamos os nossos resultados para os dados fornecidos. Cada nó mantém uma fila separada de pacotes Q destinados a cada nó, ordenados por ordem decrescente de tempo desde a sua criação - a ordem pela qual seriam entregues diretamente. O conhecimento da função de distribuição do atraso pode ajudar-nos a conceber o encaminhamento baseado na redundância nas DTN. A função de distribuição de atrasos pode dar-nos uma orientação sobre como definir o tempo de vida de uma mensagem. Este gráfico mostra-nos a distribuição de atrasos para vários nós quando têm um número médio de réplicas de vários pacotes. Tomámos um cenário em que 5 nós estão dispostos a enviar as mensagens uns aos outros, tendo em conta que nem todos os nós estão interessados em entregar os pacotes aos outros nós. O simulador foi concebido para obter os resultados da distribuição dos atrasos:

```
C:\Windows\system32\cmd.exe - tc.exe
Enter the value of lamda=
4.00

 Enter the value of n =
2
The result of lamda by n =2.000000
 The value of sum=2.000000
 Enter the value of n =
1
The result of lamda by n =4.000000
 The value of sum=6.000000
 Enter the value of n =
3
The result of lamda by n =1.333333
 The value of sum=7.333333
 Enter the value of n =
7
The result of lamda by n =0.571429
 The value of sum=7.904762
 Enter the value of n =
1
The result of lamda by n =4.000000
 The value of sum=11.904762The Delay Distribution= 0.084000
```

Instantâneo 5.6: Distribuição dos atrasos

A imagem 5.6 descreve os resultados para o caso 1, em que o número médio de processos servidos por unidade de tempo é dado como entrada para o simulador e, em seguida, o número de réplicas nos nós é alimentado para o simulador e, em seguida, geramos a saída para a distribuição de atrasos ou a própria distribuição de atrasos.

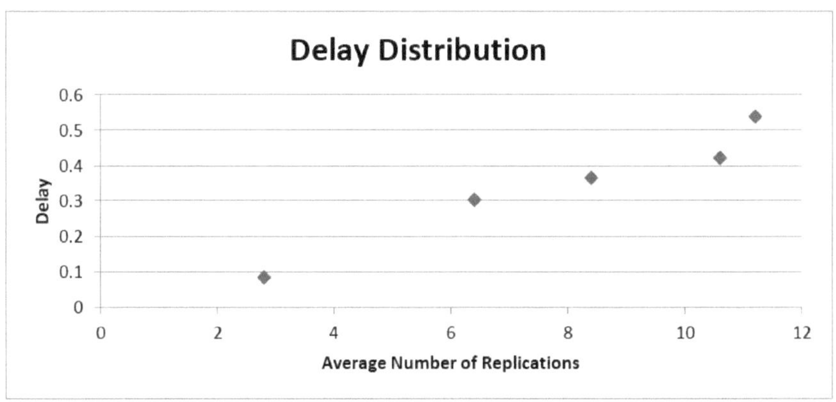

Figura 5.4: Gráfico de distribuição de atrasos

O gráfico 5.3 mostra-nos a distribuição do atraso para os valores apresentados na tabela 4.3. O gráfico foi traçado em função do número médio de réplicas no nó porque o número de réplicas é o principal fator de aumento do atraso nos nós. O gráfico indica-nos que, à medida que o número de réplicas nos nós aumenta, o fator de atraso também aumenta. O atraso é diretamente proporcional ao número de réplicas do pacote (i).

Número de série	Número médio de réplicas	Distribuição de atrasos
1.	2.8	0.084000
2.	6.4	0.302158
3.	8.4	0.365854
4.	10.6	0.421123
5.	11.2	0.538491

Tabela 5.3 : Distribuição dos atrasos

A tabela 4.3 descreve a figura 5.4, uma vez que a tabela consiste nos valores reais em relação aos quais o gráfico foi traçado. Tomemos o caso 1 na tabela, pois há um número médio de réplicas de 2,8 para 5 nós no ambiente. O atraso apresentado por um número baixo de média é menor, ou seja, 0,084000, quando o número de réplicas também é muito baixo, ou seja, 2,8. medida que o número de replicações dos pacotes aumenta nos nós, o atraso aumenta, ou seja, o atraso é diretamente proporcional ao número de réplicas nos nós. Isto não é verdade no caso do atraso de entrega estimado. Uma vez que, com a ajuda de réplicas no ambiente de rede tolerante ao atraso, o rácio de atraso pode ser reduzido, o que foi discutido em 5.2.

5.2 Resultados

1. O comportamento da rede DTN é simulado com a ajuda do C.

2. Após várias execuções de simulação em cada caso, obtivemos os resultados da distribuição do atraso na rede DTN.

3. No caso do atraso de entrega estimado na rede DTN, simulámos o mesmo número de vezes que para a distribuição do atraso.

4. O atraso de entrega estimado foi simulado de acordo com a transformação de Box-Muller e com valores distribuídos exponencialmente.

5. A distribuição do atraso é diretamente proporcional ao número de replicações do pacote i e ao tempo médio.

6. Na distribuição do atraso de entrega estimado, devido ao elevado número de replicações de pacotes, o atraso diminui de forma subnormal, uma vez que se pode dizer que o atraso de entrega estimado é inversamente proporcional ao número de replicações e diretamente proporcional ao tempo total, quer se trate de amostras de tempo distribuídas normalmente ou exponencialmente.

5.5 Comparação

O atraso estimado para a distribuição normal está a mostrar alguns resultados claros que o sustentam da distribuição exponencial como :

1. Quando o número de replicações na distribuição exponencial é reduzido para 1, o atraso aumenta 0,004009, ou seja, 0,55% do atraso original calculado antes da alteração da replicação.

2. Quando o número de replicações na distribuição normal é reduzido em 1, o atraso aumenta em 0,023220, ou seja, 3,13% do atraso original calculado antes da alteração da replicação.

3. Estas grandes diferenças devem-se à alteração da replicação nos diferentes nós, mas como o número médio de replicações é o mesmo, as diferenças são demasiado elevadas.

4. Se a alteração na replicação ocorrer no mesmo nó em comparação com ambos, então existe uma pequena diferença e podemos dizer que os resultados são aproximadamente os mesmos.

5. Os resultados da estimativa do atraso de entrega são utilizados para traçar o gráfico comparativo entre as duas distribuições.

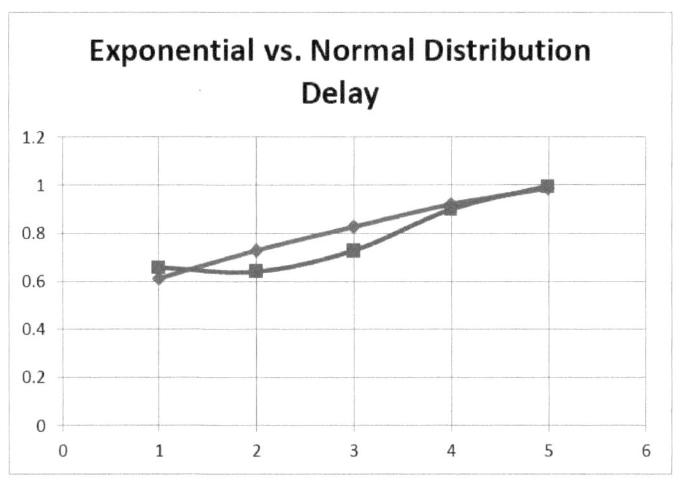

Figura 5.5: Gráfico comparativo do atraso da distribuição exponencial e normal

Os resultados relativos ao atraso de entrega estimado em ambos os cenários para as amostras de tempo geradas utilizando a distribuição exponencial e a distribuição normal. O gráfico comparativo mostra que o tempo gerado utilizando a distribuição normal resulta em resultados um pouco optimizados para o atraso.

Número de série	Atraso distribuído exponencialmente	Atraso normalmente distribuído	Diferença de atraso
1.	0.611329	0.656715	0.045386
2	0.727904	0.640381	0.087523
3.	0.825887	0.728084	0.097803
4.	0.919771	0.898326	0.021445
5.	0.985693	0.996285	0.105919

Tabela 5.4: Quadro comparativo do atraso de entrega estimado

A Tabela 5.4 mostra o estudo comparativo para os cenários discutidos anteriormente e utilizados para a otimização do atraso. Não há uma grande diferença na diferença de atraso entre as distribuições exponencial e normal. No entanto, a distribuição normal mostra alguns sinais positivos e é analiticamente melhor do que as amostras de tempo distribuídas exponencialmente, que apresentam um pouco mais de atraso em comparação com todos os principais factores do atraso de entrega estimado.

Resumo do capítulo

O presente capítulo determina a análise dos resultados de todo o trabalho apresentado para otimizar a fiabilidade dos dados e a melhoria do desempenho em comparação com outros sistemas existentes. O sistema proposto mostrou algumas melhorias notáveis no domínio da rede tolerante ao atraso.

Esboço do próximo capítulo

O capítulo seguinte conclui a discussão e apresenta o trabalho futuro.

CAPÍTULO-6

CONCLUSÃO E ÂMBITO FUTURO

6.1 Conclusão

Em contraste, uma proposta de esquema de encaminhamento para DTN's que intencionalmente maximiza o desempenho de uma métrica de encaminhamento específica que minimiza os prazos perdidos.O encaminhamento DTN parece ser um problema rico e desafiador. Requer técnicas para selecionar caminhos, programar transmissões, estimar o desempenho da entrega e gerir buffers. O problema da ligação em rede em redes frequentemente desligadas está a receber mais atenção à medida que aumenta o desejo de ter conetividade de dados em dispositivos que podem ser móveis ou em regiões que só podem ser alcançadas por dispositivos de rede não convencionais (por exemplo, motas). Acreditamos que, em muitos cenários frequentemente desconectados, as oportunidades de comunicação podem ser previsíveis. Os algoritmos concebidos centram-se nestas situações, e acreditamos que estes sistemas têm recebido pouca atenção até à data.

Como descobrir a distribuição do atraso e a estimativa do atraso de entrega utilizando várias simulações efectuadas com os algoritmos propostos que são alimentados com valores de tempo distribuídos de forma variada. Isto ajudar-nos-á a encontrar um caminho mais simples para transferir os pacotes, tendo em conta apenas o atraso nos nós. Se uma rede tiver um atraso mais elevado devido à replicação de nós ou a um grande tempo de transferência dos pacotes, o atraso dessa rede pode ser facilmente detectado e evitado.

Porque é que optámos por trabalhar com atrasos:

1. Numa rede em que os pacotes são enviados e recebidos, é um tipo de rede em que o principal objetivo é maximizar a probabilidade de entrega da mensagem.

2. A mensagem pode perder-se devido à criação de loops ou à eliminação forçada de dados.

6.2 Trabalho futuro

O atraso determinado pelo algoritmo proposto também pode ser útil para manter uma métrica mais recente nos nós, que representa o historial do atraso nos nós, que representa o historial do atraso nos nós em circunstâncias particulares. Isto pode prejudicar a memória e também o tempo de serviço. Podemos ainda determinar o tempo de vida dos valores de atraso a armazenar durante um determinado período de tempo. Os algoritmos aqui apresentados não têm em conta os limites de buffer nos nós intermédios quando determinam as rotas. Se um nó não tiver espaço suficiente para armazenar dados em trânsito, esses dados são descartados. Os mecanismos de controlo do fluxo poderiam ser utilizados para evitar essas perdas em algumas circunstâncias, mas muitos dos métodos existentes para o controlo dinâmico do fluxo não funcionam bem com grandes atrasos de propagação. Assim, parece que alguma forma de controlo de admissão proactivo pode ser mais adequada, mas a descoberta da melhor forma deste mecanismo para as DTN continua em aberto. A remoção de mensagens num nó, seja porque expiraram ou por razões específicas da aplicação, é outra abordagem para controlar a ocupação do buffer. A função objetivo que seleccionámos aqui minimiza o atraso, mas em alguns cenários outras métricas (por exemplo, o custo monetário), que podem não ser diretamente deriváveis do atraso, podem ser mais importantes. Isto colocaria o problema de como medir a métrica de interesse e levantaria novamente a questão da implementação do novo oráculo do conhecimento correspondente. A abordagem de replicar mensagens para todos os nós é dispendiosa e não parece escalar bem com o aumento da carga. Assim, podemos controlar as réplicas das mensagens para fazer um número contável de réplicas e depois parar ou repetir o mesmo, o que também pode ser focado no futuro. A utilização de confirmações para remover mensagens da rede após a entrega aos seus destinos será investigada. Devido à negligência destas transferências desnecessárias de mensagens, desperdiçam-se recursos e sistemas valiosos.

REFRÊNCIAS

[1] A. Vahdat e D. Becker. Epidemic routing for partially connected ad hoc networks. Universidade de Duke, abril. 2000.

[2] Q. Li, S. Zhu, G. Cao. Routing in Socially Selfish Delay Tolerant Networks (Roteamento em redes socialmente egoístas tolerantes a atrasos). Nos anais do IEEE Infocom, 2010.

[3] L. Qiu, Y. R. Yang, Y. Zhang e S. Shenker. On Selfish Routing in Internet-Like Environments. In Proc. of AC M SIGCOMM, August, 2003.

[4] Elwyn Davies. Delay-Tolerant Networking (Redes tolerantes a atrasos): Moving Towards Real-World Deployment. Apresentado na Sociedade da Informação, Ljubljana, 2011.

[5] Thrasyvoulos Spyropoulos, Konstant inos Psounis, e Cauligi S. Raghavendra. Spray and wait: Um esquema de encaminhamento eficiente para redes móveis com ligações intermitentes. Em WDTN 2005: Proceeding of the 2005 ACM SIGCOMM workshop on Delaytolerant networking, 2005.

[7] Dubois-Ferriere, H., Grossglauser, M., andVetterl i, M. Age matters: efficient route discovery in mobile ad hoc networks using encounter ages. Em ACM MobiHoc, 2003.

[9] Y.-C. Tseng, S.-Y. Ni, Y.-S. Chen, e J.-P. Sheu, The Broadcast Storm problem in a mobile ad hocnetwork, Wireless Networks, 2002.

[10]P. Juang, H. Oki , Y. Wang, M. Mart onosi, L. S. Peh, e D. Rubenstein. Computação eficiente em termos energéticos para o seguimento da vida selvagem: compromissos de conceção e experiências iniciais com a zebranet. Em Proc. ASPLOS'02, outubro, 2002.

[11]A. Lindgren, A. Doria, e O. Schelen. Probabilistic routing in intermittently connected networks.SIGMOBILE Mobile Computing and Communications Review, 2003.

[12]T. Spyropoulos, K. Psounis e C. S. Raghavendra. Roteamento de cópia única em redes móveis conectadas intermitentemente. Em Proc. do IEEE Secon'04, 2004.

[13]R. C. Shah, S. Roy, S. Jain e W. Brunette. Data mules: Modelação e análise de uma estrutura de três níveis para redes de sensores esparsas. Elsevier Ad Hoc Networks Journal , setembro, 2003.

[14]A. Lindgren, A. Doria, and O. Schelen, Probabi listic routing in intermittently connected networks, MobiHoc' 03,Annapolis, Maryland,USA, 2003.

[15]B. Chen, C. Choon, MobiCent: um sistema de incentivos baseado em créditos para redes tolerantes a interrupções, In Proc. IEEE INFOCÓM, 2010. S. Zhong, J. Chen, Y.R. Yang. Sprite: a simple, cheat-proof, credit-based system f or mobile ad-hoc networks, In Proc. IEEE INFOCOM, 2003.

[16] U. , H. H.Song, L.Qiu e Y. Zhang. Incentive-Aware routing in DTNs, IEEE, 2008.

[17] Kevin Fall. A Delay-Tolerant Network Architecture for Challenged Internets. 2003.

[18] F. Warthman. Redes tolerantes a atrasos - Um tutorial. 2003. [19] V. Cerf, S. Burleigh, A. Hooke, L. Torgerson, R. Durst, K. Scott, K. Fall, H. Weiss, Delay-Tolerant Network Architecture, DTN Research Group Int ernet Draft, 2003.

[19] A.Balasubramanian, B.N.Levine, A.Venkataramani. Roteamento DTN como um problema de alocação de recursos. Em SIGCOMM'07, agosto de 2007.

[20] I. Sheriff, P. A. K. Acharya, A. Sampath, B.Y. Zhao e E. M. Beld ing, "Integrated data location in multihop wireless networks", Actas da segunda Conferência Internacional sobre Software de Sistemas de Comunicação e Middleware, pp. 1-10, 2007

[21] L. Fan, P. Cao, J. Almeida, e A. Broder, "Summary cache: A scalable wide-area Web cache sharing protocol," in Proc. of ACM SIGCOMM Conf., pp. 254-265, Sept. 1998.

[22] A. N. Mian, R. Beraldi e R. Baldoni, "Identifying open problems in random walk based service discovery in mobile ad hoc networks", Actas do 6.º Workshop Internacional sobre Sistemas Comunitários Inovadores na Internet, 2006.

[23] D. F. Henri, G. Matthias e V. Martin, "Age matters: efficient route discovery in mobile ad hoc networks using encounter ages", Actas do 4º Simpósio Internacional ACM sobre redes e computação móveis ad hoc, pp. 257-266, 2003.

[24] T. Spyropoulos, K. Psounis e C. S. Raghavendra, "Spray and focus: efficient mobility-assisted routing for heterogeneous and correlated mobility", Proceedings of the Fifth Annual IEEE International Conference on Pervasive Computing and Communications Workshops, pp. 79-85, 2007.

[25] Zijian Wang, Eyuphan Bulut e Boleslaw K. Szymanski. "Service Discovery for Delay Tolerant Networks", aparece em GLOBECOM Workshops (GC Wkshps), IEEE, 2010.

[26] Wei Gao, Qinghua Li, Bo Zhao e Guohong Cao. "Multicasting in Delay Tolerant Networks: A Social Network Perspective," MobiHoc'09, , New Orleans, USA, May 1821, 2009.

[27] Mirco Musolesi ,Cecilia Mascolo "A Framework for Multiregion Delay Tolerant Networking," WiNS-DR'08, ,San Francisco,California,USA September 19, 2008.

[28] Jon Crowcroft, Eiko Yoneki, Pan Hui e Tristan Henderson. Promoting Tolerance for Delay Tolerant Network Research". ACM SIGCOMM Computer Communication Review, outubro de 2008.

[29] Grossglauser, M., e Tse, D. N. C. A mobilidade aumenta a capacidade das redes ad hoc sem fios.

IEEE/ACM Transactions on Networking , 477-486 Aug. 2002.

[30] Thomas Jonson, Jonah Pezeshki, Victor Chao, Kristofer Smith, James Fazio Booz Allen Hamilton Herndon, VA. Application of Delay Tolerant Networking (dtn) in Airborne Networks Military Communications Conference, 2008. MILCOM 2008. IEEE 2008.

[31] Pan Hui, Eiko Yoneki, Shu-Yan Chan, Jon Crowcroft. Distributed Community Detection in Delay Tolerant Networks (Deteção distribuída de comunidades em redes tolerantes a atrasos). MobiArch'07, Kyoto, Japão, 27-31 de agosto de 2007.

[32] Michael Demmer, Kevin Fall. DTLSR: Delay Tolerant Routing for Developing Regions. NSDR'07, Kyoto, Japão, 27 de agosto de 2007.

[33] Yong Liao, Kun Tan , Zhensheng Zhang, Lixin Gao. Modeling Redundancy-based Routing in Delay Tolerant Networks (Modelagem de roteamento baseado em redundância em redes tolerantes a atrasos). Conferência sobre comunicações e redes de consumidores, 2007. 4ª IEEE, CCNC 2007.

[34] Yili Gongf, Yongqiang Xiong, Qian Zhang, Zhensheng Zhang, Wenjie Wang, Zhiwei Xu. Anycast Routing in Delay Tolerant Networks (Encaminhamento Anycast em redes tolerantes a atrasos). Microsoft Research TechReport Number:MSR-TR, 2006.

[35] Stephen Farrell, Vinny Cahill. Security Considerations in Space and Delay Tolerant Networks (Considerações de segurança em redes espaciais e tolerantes a atrasos). 2ª Conferência Internacional do IEEE sobre Desafios da Missão Espacial para a Tecnologia da Informação (SMC-IT'06), 2006.

[36] Wenrui Zhao, Mostafa Ammar e Ellen Zegura. Multicasting em redes tolerantes a atrasos: Modelos Semânticos e Algoritmos de Encaminhamento. SIGCOMM'05 Workshops, , Filadélfia, PA, EUA, 22-26 de agosto de 2005.

[37] Evan P. C. Jones Lily Li e Paul A. S. Ward. Practical Routing in Delay-Tolerant Networks (Roteamento prático em redes tolerantes a atrasos). Workshops SIGCOMM'05, Filadélfia, PA, EUA, 22-26 de agosto de 2005.

[38] Sushant Jain Kevin Fall e Rabin Patra. Routing in a Delay Tolerant Network (Roteamento em uma rede tolerante a atrasos). SIGCOMM'04, Portland, Oregon, EUA 30 de agosto a 3 de setembro de 2004.

[39] Kevin Fall. A Delay-Tolerant Network Architecture for Challenged Internets. SIGCOMM'03, Karlsruhe, Alemanha, 25-29 de agosto de 2003.

[40] K. Tan, Q. Zhang e W. Zhu. Shortest Path Routing in Partially Connected Ad Hoc Networks (Roteamento pelo caminho mais curto em redes Ad Hoc parcialmente conectadas). In Proc. of the IEEE GLOBECOME'03, volume 2, páginas 1038-1042, 2003.

[41] W. Zhao, M. Ammar e E. Zegura. Controlando a Mobilidade de Múltiplas Balsas de Transporte de Dados em uma Rede Tolerante a Atrasos. Em Proc. do IEEE INFOCOM'05, Miami, Flórida, EUA, 2005.

[42] A. Chaintreau et al. Impact of human mobility on thedesign of opportunistic forwarding algorithms. Em Proc.INFOCOM, abril de 2006.

[43] Eitan Altman, Tamer Ba,sar, and Veeraruna Kavithal, Adversarial Control in a Delay Tolerant Network GameSec 2010, LNCS 6442, pp. 87-106, 2010. Springer-Verlag Berlin Heidelberg 2010.

[44] Cerf, V., Burleigh, S., Hooke, A., Torgerson, L.,Durst, R., Scott, K., Fall, K., e H. Weiss, "Delay Tolerant Networking Architecture," RFC 4838, abril de 2007.

APÊNDICES

Apêndice-1

Pseudocódigo

```
READ ll,ul,number,round[i]

WRITE value of ll,ul

READ seed

IF number<=50

round[i]=ll+(ul-ll)*seed

ELSE

Round[i]=0

ENDIF

READ t,lambda,u,d,c,e,sum,i,n,a,d

IF i<=n

WRITE u

t=c*(1/lambda)

ENDIF

IF (sum>=1)

Value not required

ENDIF

IF i<=4

READ n

WRITE a

WRITE sum=sum+a

IF(d<t)

g=sum*t

WRITE z=1-x

ELSE
```

```
WRITE No solution

READ n,r,t,e,x

WRITE n

IF n<=4

t=1-e

ELSE

No solution

WRITE r

t=1-x

WRITE t

ENDIF
```

Apêndice-2

Abreviaturas

DTN Delay or Disruption Tolerant Networking

MANET Mobile Ad-hoc Networking

BP Bundle Protocol

IPN Inter Planetary Net

SaFT Store and Forward Transport

IETF Internet Engineering Task Force

API Application Programming Interface

ASCII American Standard Code for Information Interchange

DTN Delay Tolerant Networking

GIS Geographic Information System

GPL General Public License

GPS Global Positioning System

GUI Graphical User Interface

MAC Media Access Control

MANET Mobile Ad-hoc Network

ONE Opportunistic Network Environment simulator

POI Point Of Interest

RAM Random Access Memory

RWP Random Way Point

TTL Time To Live

WKT Well Known Text

WLAN Wireless Local Area Network

SaFT Store and Forward Transport

IETF Internet Engineering Task Force

AODV Ad-hoc on Demand Distance Vector Routing

DSR Dynamic Source Routing

Printed by Books on Demand GmbH, Norderstedt / Germany